資金繰りの不安がなくなり、
自己資本比率が上がる！

付加価値額の教科書

九昭ホールディングス
代表取締役
池上秀一

イースト・プレス

はじめに　付加価値額経営で長生きできる会社経営を行う

《この中で売上3億円以下・自己資本比率30％以下の会社の経営者は手を挙げてください。今、手を挙げている人はゴミのような会社の経営者です。早く会社を辞めたほうがいいです》

このセリフは私が27歳で家業を引き継ぎ、経営者として右も左もわかっていないときに参加した経営セミナーでの講師の言葉です。

このときの衝撃は35年以上が経った今でも忘れることができません。自分がまさにゴミのような会社を父親から受け継いでしまったド素人経営者であることに愕然とし、何とかしないといけないと強く思ったのです。

はじめまして。池上秀一《いけがみしゅういち》と申します。

私は現在、グループの持ち株会社である九昭ホールディングスをはじめ、7つの会社の代表取締役を務めています。

父親から引き継いだ九昭電設工業（以降、九昭）を35年以上かけて成長させ、さらに新規に設立した会社やM＆Aによって事業展開をし、グループ全体で売上22億円、自己資本比率60％、従業員240人（グループ企業全体）を率いるまでになりました。

そうなれたのも冒頭でお伝えした講師の衝撃的な一言があったからです。


当時、私は勤めていた東京の会社を退職し、実家のある小倉（北九州市）に戻ってきて2代目として父から事業を引き継いで間もないときでした。

「経営者としての第二の人生のスタート」と言えばカッコいいですが、実際のその頃の九昭は売上1億5000万円、自己資本比率15％程度でした。

冒頭の講師の言葉を借りるなら、まさに〝ゴミのような会社〟だったのです。


日本全国の約420万社のうち、6割以上が赤字経営だといわれています。中には「税金を払いたくない」という理由で故意に赤字経営をしている会社もあります。

しかし、本当に赤字経営で苦しみ悩んでいる経営者も多くいます。私もかつてはそんな経営者の1人でした。

その自分を奮い立たせてくれたのが講師の一言でした。

それからは必死に働きました。それでも簡単にうまくいくはずもなく、悩み続ける毎日を送りました。

色々な本を読んだり、業界の先輩方の話を聞きに行ったりしました。

話を聞きに行った先々でよく耳にした言葉が「粗利」という単語でした。みんな申し合わせたように「粗利、粗利」と言います。

そこで私は「粗利って何ですか?」「売上から何と何を引けばいいんですか?」と聞いて回りました。しかし、誰からも明快な返事が返ってきませんでした。みんなよくわかってないのに「粗利」という単語を使っていたのです。

それから十数年間ずっと「粗利とは何か?」の明快な答えが理解できないまま経営を続けてきましたが、必死の努力のおかげかそれなりに業績も上がってきました。

1億5000万円の売上を10年ほどで3億円、そして5億円と上昇させました。しかし、思った通りの利益が出ずに悩む日々が続きました。

その頃の大きな疑問は「同じルールの下で同じ商売をしているのに、ものすごく儲かっている会社と倒産していく会社があるのはどうしてだろう?」でした。

売上を上げてきたのに3億円から5億円になっても利益がほとんど変わらない。忙しくなるばかりで、ちっとも儲からない。「もっと儲かりたい」「従業員が辞めずに長く働いてくれるような会社にしたい」「経営していく上で、もっといい仕組みがあるのではないか?」といつも考えていました。

そんなときにたどり着いたのが、本書でご紹介する「付加価値額経営」です。

詳しくは本文内でお伝えしますが「粗利」に対する疑問も

売上総利益=付加価値額=絶対利益=粗利

という私なりの回答を出すことができました。

そして、この「付加価値額経営」を行うことで現在では売上22億円、経常利益2億円、従業員240人のグループ会社を率いるまでになりました。自己資本比率は60%以上です(一般的に30%以上を安定企業、50%以上を優良企業と呼びます)。

本書ではそのメソッドを余すことなく公開します。

経営をやっていくと色々な話が舞い込んできます。チャンスの話もあれば騙されそうな話もあります。慎重になり過ぎてチャンスを逃がしたり、うまい儲け話に騙されて大損したりします。中小企業経営者には、それらの話を嗅ぎ分ける能力が必要です。

私は、それらの判断を直感で決断するようにしています。ファストチェス理論では「5秒でひらめいた手」と「30分間考え抜いた手」とでは86%が同じ手だそうです。そこで私は5秒以上迷ったらやらないようしているのです。人間ですから間違えた判断をすることもあります。そのときはすぐに頭を下げて判断を修正するようにしています。

論語にある「過《あやま》ちては改《あらた》むるに憚《はばか》ること勿《なか》れ（過ちを犯したと気づいたら自分の面目や他人の目など気にせず、躊躇うことなく改めるべきである）」です。これは非常に勇気のいることですが実行しています。

経営者は、失敗を恐れずに挑戦し続けることで必ず道は開けます。

経営は大相撲と同じで、**8勝7敗でも勝ち越す**ことが大切です。勝ち越すことで少しずつ番付が上がっていきます。幕内で長く相撲がとれるような力士を経営では目指すべきです。

本書を手に取ってくださったあなたには、一気に横綱を目指して短命で終わる経営ではなく、少しずつ番付を上げていく経営を目指していくことをおすすめします。その方法が「付加価値額経営」です。

本著の内容があなたの経営の参考になりますことを祈念しています。

はじめに　付加価値額経営で長生きできる会社経営を行う――002

第1章 ≫ ド素人経営者が36才で借金10億円を背負ってからの大逆転劇

27歳でサラリーマンからド素人経営者になる――016
経営スタイルの転換で売上3億円を目指す――018
零細企業のトップに必要なのは相談よりも即断・即決・即行――021
売上3億円↓5億円を達成するも利益が残らないジレンマ――025
36歳のときに父親が急死。10億円の借金を背負う――028
銀行への書類提出が付加価値額経営の下地になった――031
自殺も考えた「もう出しません」の最後通牒――034
「付加価値額経営」との出会いで売上22億円の企業に――037

第2章 ≫ 経営者が伸ばすべきは「売上」ではなく「付加価値額」

売上を上げようとするからいつまで経っても利益が残らない —— 042

損益計算書で理解する「付加価値額とは何か？」 —— 044

「会社の外に出るお金」と「会社の中に残るお金」で定義する —— 048

付加価値額経営で経営者が押さえておくべき財務3表 —— 050

■ 貸借対照表で押さえるべきポイント —— 051

■ キャッシュフロー計算書で押さえるべきポイント —— 053

■ 損益計算書で押さえるべきポイント —— 056

営業利益から付加価値額・付加価値率を設定して来期の目標を立てる —— 059

付加価値額経営実践のための5つのステップ —— 062

■ ステップ1：「出ていくお金」と「残るお金」を定義する —— 063

■ステップ2：「がんばれば達成できそうな目標」を設定する――064
■ステップ3：担当者は案件ごとに目標付加価値額に合った予算書を作成する――066
■ステップ4：会議で承認された担当者にだけ発注を認める――070
■ステップ5：承認を受けたすべての案件の一覧表を作成する――071
■事例：赤字企業から優良企業に変貌した電動機器メンテナンス会社――074

第3章 付加価値額を上げるために経営者がやるべきこと

「選択と集中」で続ける仕事と断る仕事を選別する――080
付加価値額経営のやり方を理解してもらえない会社はお断りする――082
「新規を毎年3割増やすこと」が経営者の仕事――085
付加価値率の高い仕事を持ったら勝てる仕事で勝負する――087

将来性があるなら付加価値額を満たさない仕事は「経費」と考える——090
付加価値額経営を浸透させて「儲かる社風」を作る——094
■クレドカードに入れる項目①「企業目的」——096
■クレドカードに入れる項目②「経営理念」——096
■クレドカードに入れる項目③「基本方針」——097
■クレドカードに入れる項目④「社員心情」——097
■クレドカードに入れる項目⑤「ビジョン」——098
付加価値額経営を全社で実践するための会議を設定する——100
■案件のGOサインを決定する実行予算委員会——100
■担当者の空白時間をなくす「工程会議」——102
■2つの会議はセットだからこそ機能する——103
稲盛和夫氏の考え方に学んだ人事評価シートを作成する——104

第4章 ≫ 会社を1つのチームにまとめる社員教育

「クレドカード」を基準にした勉強会を開く —— 110
■採用時にじっくりと会社の想いを伝える —— 111
■定期的な全体研修を催して伝える —— 111
■週1回の朝会で項目ごとに伝える —— 112
■「あなたにお金を払っているのは私です」と伝える —— 113
■「出船の精神」で準備・段取りの重要性を身に付けさせる —— 116
電話は1分・会議は30分でスピード感ある仕事を身に付けさせる —— 120
■「休むときは休む」も生産性を上げる方法の1つ —— 122
■「週休2日制」は経営者の思考と覚悟で実践できる —— 123
残業は原則ナシ。するなら2週間以内に振替をさせる —— 125
■「残業が少ない人を評価すること」を全社で浸透させる —— 127

熱意のある社員を引き上げて特別待遇してブレーンにする――129
営業力・技術力・経営力の3つのバランスを噛み合わせる――132
付加価値額目標の達成度合いがわかるボードを作成する――136
■付加価値額を達成できれば「決算賞与」を出す――139

第5章 付加価値額経営で100億円企業を目指す

元請け比率50%を目標に下請け体質から抜け出す――142
全国400万社以上の中小・零細企業が半分になる――144
付加価値額経営の浸透で下請け体質から脱却する――147
売上10億円を超えてからの100億円企業の目指し方――150
頼まれ事があれば断らずに「事業化する頭」で考える――152
人生は先手必勝。スタートダッシュで引き離す――155

仕事を取るときは出しゃばらずに実績で勝負する——159
ビジネスは信用第一。できない約束をしてはいけない——161
あなたにとっての「福の神」と「貧乏神」——164
グループ化は戦略を持ってM＆Aや新規事業を行う——167
■沖縄進出の足がかりになった電気工事会社のM＆A——167
■幅広く公共工事を取るきっかけになった電気工事会社のM＆A——169
■〇〇市役所と自社の両方のニーズを叶えた新規事業——171
付加価値額経営で変化の激しい時代もブレない経営をする——172
あとがき　経営の天才でなくても付加価値額経営は始められる——176

第1章

ド素人経営者が36才で借金10億円を背負ってからの大逆転劇

27歳でサラリーマンからド素人経営者になる

具体的な付加価値額経営の内容に入る前に、まずは私がどのようなきっかけで付加価値額経営と出逢い、会社を現在のように成長させるに至ったかについてお伝えしたいと思います。

経営者になる方法と言えば「起業」か「事業承継」だと思いますが、起業家のように何かしらの熱い想いを持って経営者になったわけではありません。

先に言ってしまうと、私は経営の天才でもなければ、子供の頃から父親によって英才教育を受けて引き継ぐべくして会社を引き継いだわけでもなく、いずれは会社を継ぐことを漠然とは感じてはいましたが、それまでは東京の企業で働くサラリーマンでした。

子供の頃はむしろ経営者よりもオリンピックで金メダルを獲ることを夢見ていました。小学校3年生の頃から地元の警察道場で柔道を習い、高校時代は高校総体や国体に優勝候補の1人として出場し、共に全国ベスト8の成績を残すところまで行きました。しかし、大学進学後にオリンピックを目指し猛練習に励む最中《さなか》、左肩を複雑骨折する重傷を負いました。その結果、競技引退を余儀なくされ、大きな挫折を経験しました。

大学卒業後は日立製作所の子会社「日立電子システムサービス（現・日立国際電気）」に就職。電気通信工事およびメンテナンスの仕事に従事していました。

いずれは家業を継ぐことを念頭に働いていましたが、かといって家業に大きな期待を寄せていたわけではありませんでした。

九昭電設工業は、国鉄（現・ＪＲ）の電気技師だった父が個人事業者として電気工事業をスタートさせたあと、昭和41年（１９６６年）に有限会社化し、昭和45年（１９７０年）に株式会社になりました。

私が引き継いだのは昭和61年（１９８６年）ですから、27歳で引き継いだ時点で創業20年ほどの企業だったわけです。

しかし、企業体としては売上1億５０００万円、経常利益３００万円、従業員15人ほどの零細企業（小規模企業）でした。当時の私は売上1億５０００万円がどのくらいのレベルかもわかっていない素人だったので、事業承継といってもそれほど大袈裟な期待を寄せてはいなかったのです。

そんな家業を、ある日いきなり私は継ぐ運びとなりました。50代も後半に差しかかった父が別事業を始めるにあたって大本の電気工事業を私に任せる意向を伝えてきたのです。そのあと10年ほどで亡くなってしまったので、もしかすると体が弱ってきていることを薄々感じていたのかもしれません。

とにかく私は日立電子システムサービスを退職し、それまでの住まいだった東京から地元の北九州市に戻ることになりました。27歳のときでした。

経営スタイルの転換で売上3億円を目指す

父から事業を引き継いだ私は、その年のうちに北九州市にある青年会議所（ＪＣ）に入会しました。そこでの活動の一環で私は「はじめに」でお伝えしたセミナー講師と出逢ったのです。

《この中で売上3億円以下・自己資本比率30％以下の会社の経営者は手を挙げてください。今、手を挙げている人はゴミのような会社の経営者です。早く会社を辞めたほうがいいです》

売上1億5000万円がどのくらいのレベルかもわかっていないド素人経営者だった私はとりあえず言われるがままに手を挙げ、〝ゴミ会社の経営者認定〟をされました。

読者によっては講師のこの発言を非常に失礼と感じるかもしれません。

ですが、当時の私はド素人だったがゆえに講師の言葉が突き刺さりました。愕然としながら「まずは売上3億円を目指そう」と素直に思ったものです。

そして、売上1億5000万円を3億円にする方法を考え始めました。

その1つが「日立式の経営スタイル（マネジメント方法）を九昭に持ち込もう」というものでした。日立電子システムサービスで工事の担当をしていたので、日立なりの工事管理のやり方を私は理解していました。工事管理書類関係など、日立のやり方をそのまま自社でやろうとしたのです。

経営スタイルをそれまでとがらりと変えようとしたのは、何も私が2代目として引き継ぎ、何かしらのアピールをしたかったからではありません。そうしなければいけない時代の変化があったからです。

そもそも北九州市は明治から続く工業都市で、日本の重厚長大を支えた大きな会社が山ほどあり、しかも父が創業した頃の１９６０年代は高度経済成長期と呼ばれる日本の経済が急速に成長した時代でした。最初の東京オリンピックの開催や東海道新幹線が開通したのもこの頃です。高いビルが建ち、鉄道などの交通網も整備され、日本の各所が都市化していきました。

さらに、工業も発展していきました。日本にマクドナルドがやってきたのもこの時代です。

つまり、私の父の世代は日本に勢いがある時代だったわけです。

だからと言うわけではありませんが、当時の弊社の「お金」の計算はどんぶり勘定状態でした。工業地帯である北九州市の企業だった九昭はそれでも儲かったのです。

その後の１９８０年代にはバブル景気がありますが、それでも私が継いだ昭和61年（1

986年）頃にはその勢いも落ち着いていました。要するに、それまでのどんぶり勘定では立ち行かなくなりつつあったのです。

そんなタイミングでのバトンタッチでしたので、私は「やり方を変える必要がある」と考えたのです。

零細企業のトップに必要なのは相談よりも即断・即決・即行

「どんぶり勘定の経営」から、「日立式の経営スタイル」に変えたことで当然、社内からは反発がありました。

私が引き継いだタイミングでいた社員は、父について来た人がほとんどで、その中には新しいやり方になじめない人がいたのです。

相手の気持ちを考えてみれば確かにそうかもしれません。社長の息子とはいえ自分の息子と歳も変わらない若造が急にトップになって「やり方を変える」と言うのですから、いい気分はしなかったでしょう。

しかし、私はそういう人たちを巻き込もうとするのではなく、あえてどうするかを判断させることにしました。要するに「辞めたいなら辞めてもらって構わない」と伝えました。

私は引き継ぐタイミングで父に「任せてもらう以上は、好きにさせてもらう」と伝えていました。

父も「それで構わない」と一切の相談をしない約束をしました。決して仲が悪かったわけではありませんし、仕事以外の話はよくしましたが、仕事に関してはすべて自分の好きにさせてもらう約束をしたのです。

今の自分の立場で考えると「よくこんな若造に任せたな」と思いますが、それでも任せてもらったことは良かったと思っています。零細企業だった当時の九昭にとってはトップダウンの経営スタイルが必要だったからです。

今までのやり方では通じず、新しいやり方にしなければ売上が伸びない。

トップは私で、私は新しいやり方を持って帰ってきた。そのやり方についてくる人だけで会社を経営しようと考えました。

結果、幹部社員たちは辞めていきました。しかし、中には私の考え方に賛同してくれる社員もいました。その多くが若手社員たち（といっても私より年上でした）で、受注から施工をして管理の仕方の流れを説明して「やってみましょう」という人たちだけを集めて勉強会を開き続け、会社を変えていきました。


加えて、儲からない会社との取引もやめていきました。

工数ばかりがかかって結局、利益や現預金が残らないのでは会社は回りません。

中には「申し訳ないが、儲からないので手を引きます」と言ったこともあります。このときも父に相談するようなことはなく、トップダウンで判断していきました。もしも相談をしていたら、古くからの付き合い（人間関係）で「もう少しやれ」と言われていたと思います。


小さな会社を軌道に乗せるためにはトップダウンしかないです。売上3億円くらいの規模になるまでは、トップダウンでないと大きくなれない、と考えていました。

さらに、相談することで物事が止まるとも考えました。失敗してもいいから即断・即決で物事を運び、即行動をする。それで失敗したら反省して他の方法を考えてまた即断・即決・即行で動く。「止まったら負け」とさえ思っていました。

そんなときに相談でいちいち立ち止まるのは時間のムダとさえ考えたのです。

辞めていく人材を引き留めず、儲からない取引先と取引をやめることで、当然ですが会社は弱体化します。

その穴を埋めるのは経営者です。

私は新しい営業先を必死で取っていきました。電気工事業のような業態は、主に公共工事と民間工事の2本柱です。県、市、周辺の市町村の仕事を積極的に取り、並行して民間工事も私が率先して取りに行きました。営業社員には任せず私がフロントに立ったのです。

当時は私が社内のトップ営業マンであり、現場の担当であり、銀行との窓口でもありました。父親から引き継いだ会社を潰すわけにはいきませんでしたし、私が会社を潰したら社員が路頭に迷ってしまいます。そうならないための責任感もありました。

売上3億円↓5億円を達成するも利益が残らないジレンマ

　ここまで読んでみて「付加価値額経営の話が出てこないじゃないか」と思われたかもしれません。付加価値額経営の話が出てくるのはもう少し先です。

　1億5000万円の売上を3億円にするために、日立のやり方を実践するのと並行して、私は日立電子システムサービス九州支店の仕事を取りに行きました。

　要するに、古巣と取引をしようとしたのです。

　日立電子では事業の一環として高速道路やトンネル、空港などのテレビカメラの公共工事を請け負っていました。

　私自身、羽田空港のカメラ工事や関越自動車道の防災システムの仕事などを現場監督や補佐としてマネジメントしていた経験があったので、仕事の勝手もわかっていれば、九昭との相性も良いことがわかっていました。

退職する際も不平・不満があったり喧嘩別れをしたわけではなく、家業を継ぐための円満退職だったため、事業承継後に東京の本社や九州支店に挨拶に行ったりする良い関係を築けていました。

そんなこともあって、いざ九州支店に取引を持ち掛けに行くと、とりあえず仕事をもらえたのです。向こうとしても勝手知ったる業者のほうが依頼しやすかったのだとも思います。

さらに、日立の仕事をやっていると今度はそれが実績になり、日立以外の東芝やNECや三菱電機・日本無線などとも取引ができるようになりました。

メーカーからの下請け仕事ではありましたが、当時はとにかく仕事を取ってきて売上を上げることで頭がいっぱいでしたので、そんなことは言っていられませんでした。

その甲斐もあってか3億円までは順調に売上を伸ばし、経常利益も300万円だったものが1000〜1500万円ほどになりました。自己資本比率も30%を達成し、セミナー講師が言っていた「ゴミ会社」から脱却を果たせたのです。

しかし、あとになって気づくのですが、これは私にとっては大きな落とし穴でした。

「売上が上がれば利益も上がる」というわけではないのです。経営を知らない人であればあるほどそう考えてしまいがちですが、この意識が引き金となり私の前に新たな壁が立ちはだかったのです。

3億円を達成したことで、次に私は5億円を目指すことにしました。

3億円に達するまでに4~5年かかっていて、そこからは順調に伸びていくと思っていたのですが、ここで数年間、売上は停滞します。それこそ、まるで階段の踊り場で足踏みをしているかのように進んでも進んでも上にあがれなくなったのです。

代わりに、その間は人の育成に注力することにしました。いつまでも私が24時間体制で働いていては体がもちませんし、再現性もありません。

自分の考え方などをまとめた冊子を社内で作成し、私の考え方を理解してくれる人を1人でも増やそうと社員の育成をしました。これに関しては別章でお伝えしたいと思います。

そうして人が育ってくると、あるときふっと階段をかけあがるかのように5億円を達成できました。社員も30人ほどになり、辞めていった幹部の穴が埋まるどころか新たな人材を育成できるようになりました。

このように書くと「順調じゃないか」と思われるかもしれません。

しかし、5億円の売上になっているのに利益は3億円の頃と変わらない実情がありました。3億円で経常利益が1000～1500万なら5億円だと2000～2500万円はあってほしいものです。ところが、そんなにないのです。

以前より忙しくなって、しんどさは増していて、売上も上がっているのに残るお金が増えない。そんなジレンマに悩まされるようになっていきました。

さらに降って湧いたようにとんでもない額の借金が私に襲いかかってきました。その借金の額は10億円。私が36歳のときでした。

36歳のときに父親が急死。10億円の借金を背負う

きっかけは、父の急死でした。

父は私が北九州市に戻ってきたタイミングで九昭が持っていた土地にホテルを建てました。ホテル業と不動産事業に専念するために電気工事事業を私に任せたのです。父はイケイケドンドンな人だったので、あちこちの土地や不動産に手を出し、結構な資産を持ちました。

「資産」とは一般的にお金を生み出す財産のことですから、こう書くと父は資産家になったように思えるかもしれませんが、実際は銀行からの借り入れで購入しているので「資産＝借金」という捉え方もできます。

現実に、父が亡くなった時点で銀行からの借入金残高は約10億円。連帯保証人だった私はその債務を引き受けなければならない立場に――つまり、突然10億円の借金を背負うことになってしまったのです。

父の葬儀には、銀行から北九州支店の銀行関係者だけではなく本店からも錚々《そうそう》たる面々にご列席いただきました。

若造だった私は「父はこんなレベルの人が葬儀に訪れるくらいに著名だったのか」と心より感謝する気持ちになったのですが、現実はそうではありませんでした。彼らは新社長として会社を切り盛りしている私が、果たして10億円を返せるほどの人物かどうかを見極めに来ていたのです。

それは葬儀後、すぐにわかりました。いきなり銀行に呼び出されて父の持っていた資産のうちで「何を残し、何を売却するか」の話から始まったのです。

銀行としては一刻も早く資産を売却して借入金残高を減らしたい意向がありました。しかし、私としてはそれでは叩き売りになってしまいますし、全額返済ができるとは限りませんでした。

特に、父が北九州市内に持っていたホテルは開業して間もなかったため、ホテル事業として運営することで売上を立て、借入金返済の原資にしようと考えました。

銀行としてはそういう金になりそうな資産こそ売却したかったと思いますが、私はホテル事業継続を提案し、実際に運営を開始しました。

しかし、考えてもみてください。

私は電気工事会社を父から受け継ぎ、5億円企業にまで成長させました。そこまでするのに懸命に働いていました。そこにホテル事業まで新たに経営しなければいけなくなりました。

「ホテル事業は社員の誰かに任せればいいじゃないか」

そう感じるかもしれません。しかし、そんな人材は当時の九昭にはいませんでした。結局、私が両方の代表を務めることになり、それこそ「昼間は電気屋の社長、夜はホテルの社長」と24時間・365日営業状態になりました。

正直、まだ30代だったから体がもちましたが、そんな働き方は数年間しか続かず、徐々にホテルの売上も下がって1億円を割る頃には「効率が悪すぎる」と考えるようになり、電気工事業一本で行くためにホテルと土地を売却しました。

その他、諸々の父の資産をすべて売却していたのも含めて、返済できた借入金は5億円でした。40歳を前にして5億円の純粋な借金だけが残ったのです。

銀行への書類提出が付加価値額経営の下地になった

結論を先に言ってしまうと、父の残した借金10億円を私は55歳で完済します。36歳で背負いましたから都合19年間で返済しました。

当時の銀行の選択肢は

①回収できるものはすべて回収してから会社を潰す

②回収できるものは回収して、高い金利を取ってとりあえず延命させる

の2つだったのではないかと思います。

結果、②を銀行が選択してくれたおかげで生き延びることができました。

この19年間の中で私は付加価値額経営と出逢い、自社の業績を改善してキャッシュフローを残し、借金完済もすることができました。

この19年間は筆舌に尽くしがたい日々でした。銀行からは事あるごとに呼び出され、しかもこちらの都合はお構いなしでした。私も断ればそれで終わりだと思っていましたから行かないわけにはいきませんでした。

しかし、その過程で銀行に〝鍛えてもらえた〟とも思っています。

5億円の売上を出せるようになってはいましたが、私は経営者としてはド素人でしたし、正確には経営者にすらなれていなかったことを深く認識しました。

そういう意味では向こうも仕事とはいえ銀行には苦しめられましたが、同時に感謝もし

ています。

銀行とのやり取りを詳細に書いていくとページが足りませんので、付加価値額経営につながる部分だけ掻い摘んでお伝えします。

まず銀行から言われたのは、当時の九昭がやっていた事業について工種別に取引先の一覧を作ることでした。

仮に電気工事の仕事が100件あるとして、それが「公共工事」か「民間工事」か、「元請工事」か「下請工事」か、厳密にそれらは「何の」電気工事で、その電気工事は「何件」あって、「売上」はいくらで、「利益」はいくらになるのか。

売上5億円の内訳をすべて分解して年単位で一覧表にするよう言われました。

次に、毎月の資金繰り表を作るように言われました。要するに、日々の入出金がわかる現金出納帳のようなものです。

月が終わるごとに来月はいくらの請求ができて、売掛や買掛がどのくらいあるか、その差分で原価が処理できるのか、利益はどれだけ残って、銀行にはいくら返済予定なのか。

中小企業の経営者であれば番頭とともに作るものを、私は専務だった妻と一緒に徹夜でエクセルのデータを作りました。

銀行はそれらの表をもとに融資を検討してくれましたので、こちらもきちんとした書類を作るために必死でした。そのような日々はなんと7～8年続きました。

自殺も考えた「もう出しません」の最後通牒

書類の作成と並んで大変だったのは、銀行からの突然の呼び出しでした。仕事をしていると突然電話がかかってきて「すぐに来てくれ」と呼び出されることが何度もあり、こちらの予定はお構いなしでした。

ある月には取引をしている支店の支店長ではなく、本店の融資担当部長から急に電話があって「今から来てくれ」ということもありました。

当然、その日のスケジュールを動かさないといけません。銀行の本店は福岡市内にあって、北九州市小倉から車で1時間半ほどかかります。往復で3時間。打ち合わせの時間を入れても4時間以上が取られます。

しかも行かないとそれで融資は終わりだったでしょうから、行かざるを得ませんでした。

ただ、呼び出しがあるのは状況としてはまだマシなほうです。「融資担当部長が会ってくれる＝お金を出す意思はある」ということでしたから、行くだけの価値はありました。

最も参ったのは、あるとき支店長から「もうこれ以上は出せません」と言われたときでした。要するに最後通牒です。借金を返済し始めて5〜6年が経った頃で、しかも支払い期日まで2週間もないようなタイミングでした。

もう出さないということは「九昭は潰れる」ということです。元金がなかなか返済できず、まだ4億円くらいは借金が残っていたと記憶しています。

銀行としてはこれ以上の融資が膨らむくらいならいっそのこと潰して、会社の土地を処分して1〜2億円でも回収しようと判断したのかもしれません。

正直、このときばかりは降参でした。必要だったお金はわずか1000万円程でした。

「もうどうしようもない……」と途方に暮れ、自殺をしようとさえ考えました。しかし、私には死ぬ勇気がありませんでした。

私が死んでも借金は残ります。妻や子供もいましたし、会社には社員たちがいました。

私が死ねば全員が路頭に迷うことになります。

こんな言い方をしては何ですが〝たった1000万円〟のために自殺を考えるほど追い込まれていました。

2013年に大ヒットしたドラマ『半沢直樹』の主人公・半沢直樹は超零細町工場の息子として生まれました。高い技術を持つ町工場でしたが取引先の倒産によって経営が傾き、取引銀行の融資課長に雨の中で土下座をしたのに融資を断られ、半沢直樹の父親は追い詰められて自殺をしてしまいます。

まさに、これと同じ心境でした。

進退きわまった私は、本来ならばやらないことですが、友人や取引先の社長たちを回って、頭を下げて1000万円を都合しました。おかげで何とか生き延びることができました。本当に感謝しています。

現在でも、中小企業の社長が経営難を苦に自殺をしたニュースを見ると、その気持ちが痛いほどよくわかります。『半沢直樹』が放映されていた当時も、共感しながら観ていたことを思い出します。

「付加価値額経営」との出会いで売上22億円の企業に

このように書いていると、銀行がまるで悪者のように感じてしまうかもしれませんが、決してそうではありません。

くり返しお伝えしていますが、このときの経験によって私は徹底的に鍛えられ、経営者としての「真剣に経営に取り組む姿勢」を持てたと思っています。

そして、「付加価値額経営」とも出逢うことができました。

あるとき、暗中模索の中でいつものように決算書を眺めていたときのことです。ふと私の頭に1つの疑問が浮かび上がりました。

『なんで同じ社員なのに工事部の給料は「工事原価」に入り、経営者や営業や総務の給料は「販売費及び一般管理費（販管費）」に入っているのだろう？』

早速、顧問税理士に相談しましたが、最初はまったく受け合ってもらえませんでした。疑問を投げかけても「そう決まっているから」の一点張りでした。

しかし、私の疑問は消えませんでした。そして、次のように勝手に結論づけてしまいました。

『工事部の給料は仕事があろうがなかろうが会社が払わなければならないのなら販管費だろう！』

私の考えに対して税理士は「税務署から指摘されるからダメだ」の徹底抗戦でした。しかし、私は「責任は自分がとるから、私の言うとおりの損益計算書を作ってみてくれ。営業利益は変わらないから税務署が文句を言うはずはない」と無理やり説得しました。

こうして「全社員の給料を販管費に入れた損益計算書」ができ上がりました。

これが初めて「売上総利益＝付加価値額」の損益計算書が完成し、独自の経営手法を見つけ出した瞬間です。それが私の名づけた「付加価値額経営」です。

通常の会社は売上を追います。しかし、それによって「営業利益」が上がるとは限りません。

一方で「付加価値額」を上げることで結果的に「営業利益」が上昇していくのです。その不思議はこの先の章で理解していただけると思います。

後日談ですが、数年後に税務署が入りましたが何の指摘もなく「素晴らしい決算書です」とお褒めの言葉をいただきました。しっかり税金を納めていましたのでほめられるのも当然だと思いました。

55歳で10億円を返し終わるまでの19年間のうち、付加価値額経営で会社を経営したのは13年ほどです。

実際に、付加価値額経営に目覚めてからも最初は資金が回っていないのが現状でした。仮にキャッシュフローが2000万円あっても、それはそのまま銀行への返済に充てられましたので当面は資金繰りに苦しみました。

ですが、少なくとも死ぬような思いはしなくなりました。

私の場合は父の借金という足枷がある中で付加価値額経営を行ってきたからこのような形になりましたが、読者の場合はもっと違う、私ほど時間のかかる経営改善にはならないと思います。

返済までの19年間は苦しい期間でしたが、それでもあのときの苦労があるから今の私があります。

銀行から都合お構いなしに呼び出しを食らっていた状況も今では180度変わりました。私が銀行へ出向くことはなくなり銀行から私の都合に合わせて来てくれるようになりました。そして**「こんなピッカピカな会社は他にはありません。」**と言ってくれています。

売上が10億円を超えてからは会社をグループ化し、今では6つの事業会社と持ち株会社のトータルで売上22億円、経常利益2億円、自己資本比率60%、従業員240人のグループ企業を率いるまでになりました。

そんな付加価値額経営のノウハウを、次章からお伝えしていきます。

第2章

経営者が伸ばすべきは「売上」ではなく「付加価値額」

売上を上げようとするから
いつまで経っても利益が残らない

前章では、私がどのような経緯で付加価値額経営と出逢い、現在のように会社を成長させるに至ったかを簡単な時系列でお伝えしました。

私は九昭を35年以上経営してきました。そのすべてをお伝えするとそれだけの本になってしまいますので、部分的にお伝えしたことをお許しください。

さて、第1章の最後で私の中に浮かび上がった疑問は次の通りです。

『なんで同じ社員なのに工事部の給料は「工事原価」に入り、経営者や営業や総務の給料は「販管費」に入っているのだろう？』

これが付加価値額経営に至ったきっかけなのですが、多くの中小・零細企業経営者はこのシンプルな考え方に思い至りません。

かく言う私も同じ身の上で、3億円から5億円に売上を上げて父親の借金の返済に追われていた最初の頃は「売上」だけに注目する経営者でした。

しかし、実際は売上を上げても利益が比例して増えることはありませんでした。売上5億円にするためにとにかく売上を伸ばそうとしたことで、当時の九昭は赤字の工事も何本か抱えることになりました。黒字の工事で出た利益で赤字を補填することになり、あったはずの利益は消え、忙しさだけが増すしんどい日々が続いたのです。

ところが、付加価値額経営に切り替えたことでこのようなことは減り、利益がしっかり残せる企業体質になり、結果として売上も伸びていきました。

本章ではそのことについてお伝えしていきますが、詳しくお伝えする前に、まず読者であるあなたに知ってもらいたいのは、**「売上を上げることを考えるのをやめてもらいたい」**ということです。

経営者は会社の売上を第一に考えるのが当たり前です。しかし、その〝当たり前〟によって企業経営はうまくいかなくなるのです。実際に私は身をもってそれを経験してきたので断言できます。

売上だけを追い求めていては、私のように「〝売上だけ〟は上がっても会社の財布は潤っていない経営者」になってしまいます。

売上を上げることはもちろん大事ですが第一優先ではありません。順番としては第二、第三と言ってもいいでしょう。

では、売上の代わりに何を求めるのか？

それが本章のキーワードになる「付加価値額」です。

会社経営は付加価値額を上げることが第一であり、これを最優先に置くことで目標の売上も算出できるようになるのです。

損益計算書で理解する「付加価値額とは何か？」

付加価値額という言葉にあまりなじみのない読者もいるかもしれません。

「付加価値」とは生産によって新たに加えられた価値のことです。

100円で仕入れた材料を加工して200円で売れば「原価100円にプラスして100円の付加価値が生まれた」ということになります。

例えば、オムレツはホテルで食べたり洋食レストランで食べたりで値段は増減しますが、仮にここでは1500円とします。

今は卵の価格が上昇していて1パック約300円（10個入り）として、オムレツに3個使うと原価は90円です。それがシェフの調理によってオムレツになると1500円になるわけですから、1400円以上の付加価値がついたことがわかります。これが付加価値の考え方です。

「ちょっと待って、そんな単純じゃない！　確かに1400円以上でも、付加価値は原材料費・燃料費・減価償却費などを差し引いた額じゃないの？」

そう思われた方は非常に鋭いです。オムレツの例で言えば卵以外にもバターやソースの原材料費、焼くためのガス代やお店の電気代（燃料費）、ガスコンロやフライパンなどの調理器具の減価償却費などが乗ってきます。

しかし、ここではそれを一旦忘れてください。付加価値額を理解するためには横に置いたほうがいいからです。

話を戻しましょう。

付加価値額は損益計算書（プロフィットロス「P/L」）に照らし合わせて考えると、その考え方がわかりやすいです。

47ページの図をご覧ください。

片方が一般的な損益計算書で、もう片方が付加価値額経営における損益計算書です。項目としては「売上高」「売上原価」「販管費」「営業利益」とシンプルな構成にしています。

一般的な損益計算書では売上高から売上原価を差し引いた残りの額を「売上総利益」と言います。「売上総利益＝売上高−売上原価」で求められます。

しかし、付加価値額経営の考え方では「売上原価」の考え方が異なります。

この考え方に至ったのは、決算書を眺めて考え続ける中で「どうして、同じ社員なのに勘定科目の仕分けが違うのだろう？」と私が疑問に思ったからです。

製造業や建設業などが特に顕著ですが、このような業態では現場で作業をする社員たちと営業職や事務職などの社員に分けられるものです（社長である経営者も含みます）。

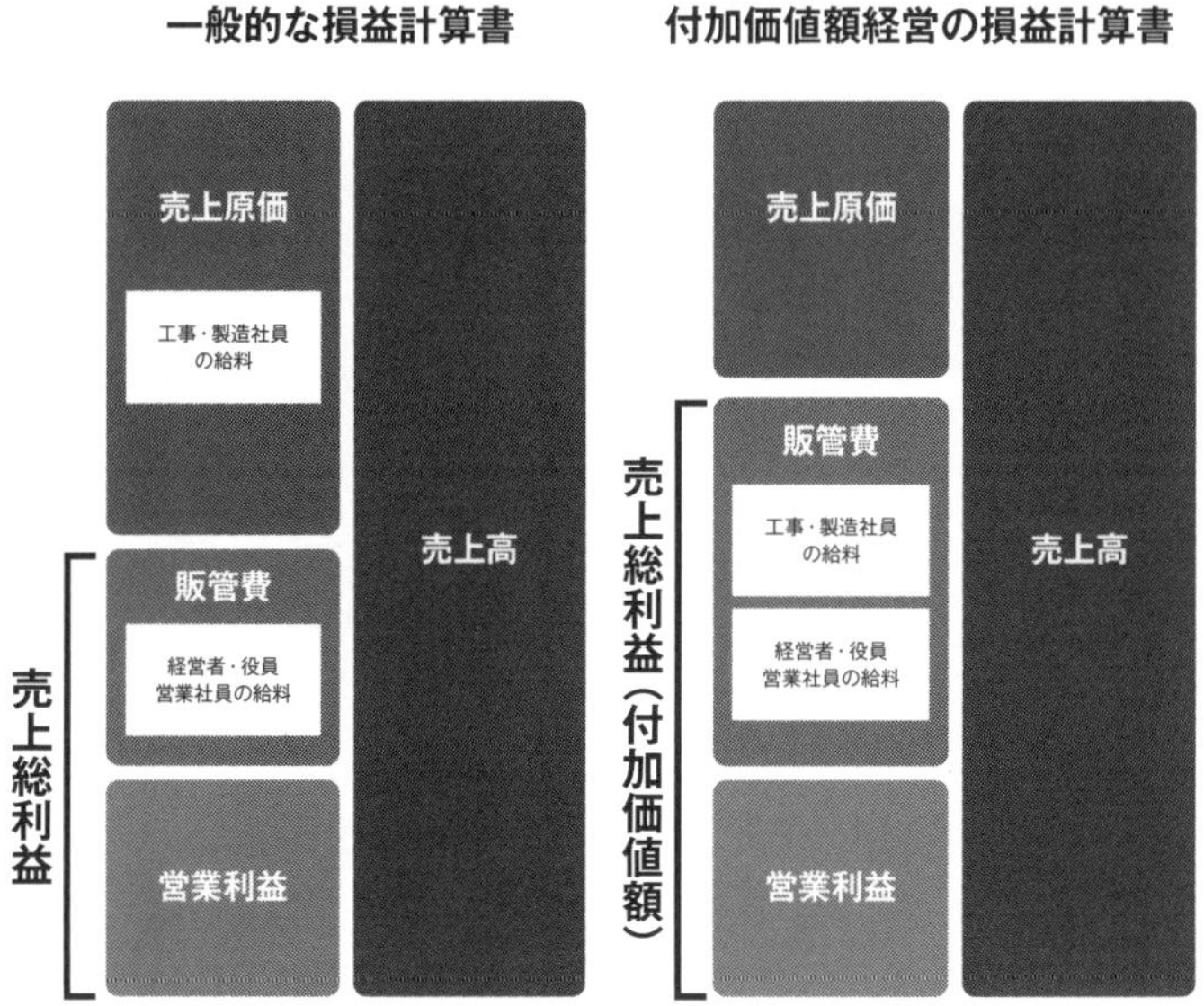

要するに社員の区分けに「施工（製造）作業」と「経営・総務・営業作業」があるわけです。

決算書を見ていると、このうち仕訳として「施工（製造）作業」の社員たちは「原価」に入り、「経営・総務・営業作業」の社員たちは「販管費」に入れられます。当たり前のように思えるかもしれませんが、これが私には腑に落ちなかったのです。

そこで、社員の区分けを問わず人件費としてかかっている全社員の給料をすべて「販管費」の一部として考え直してみました。

そしてできあがったのが、もう1

つの図表の「付加価値額経営の損益計算書」です。この図表においては販管費と営業利益を総じて「売上総利益＝付加価値額」となります。これが付加価値額経営の考え方です。

「会社の外に出るお金」と「会社の中に残るお金」で定義する

付加価値額の考え方の基準は、売上を大きく2つに分けて考えることです。それは**「会社の外に出るお金」と「会社の中に残るお金」**です。

売上高のうち「材料費」や「外注費」といった原価の部分は、売上を作るために必要なものですが、決算においては「会社から外に出ていく＝社外の誰か・何かに対して支払うお金」です。

一方で社員の給料＝人件費や事務所経費などは、支払い自体は発生しますがすべて会社を経営していく為の費用なので、「会社の中に残るお金」と定義します。

付加価値額経営の考え方において大切なのは、ビジネスで稼いだお金を内と外で分けてしまうことです。

そうすることでシンプルに考えられるようになります。

儲かるために大切なことは、手元に残るお金をできるだけ大きくすることです。売上を上げても原価がかかり過ぎれば利益を圧迫し、儲けは少なくなってしまうのは当たり前のことです。

できるだけ手元に残るお金を大きくしていくために、まず考えなければいけないのは「いかにして付加価値額を大きくするか?」ということです。

この考え方は「売上アップ」を最優先に考えていてはできません。ですから最初に「売上を上げることを考えるのをやめてください」とお伝えしたのです。

付加価値額経営で経営者が押さえておくべき財務3表

付加価値額経営をより理解していただくために、ここで経営者が押さえておくべき財務3表についてお伝えします。

財務3表とは**「貸借対照表」「損益計算書」「キャッシュフロー計算書」**の3つです。前の2つに関しては決算のときに税理士が持ってくるものですから、ご存知だと思います。ただキャッシュフロー計算書に関しては、依頼しないと持ってこないこともあるため、あまり見たことがない方もいるかもしれません。

財務3表には「ここだけは押さえておこう！」というポイントがそれぞれ存在します。それを押さえることによって付加価値額経営をより理解しやすくもなります。

貸借対照表で押さえるべきポイント

貸借対照表は企業の資産・負債・純資産の状態を表した書類です。「バランスシート(B/S)」とも言われます。

私は**貸借対照表は「会社が始まってから現在までの通信簿」**のようなものだと解釈しています。会社経営の歴史であり、これを見るだけでその会社が現在までどのような考え方でお金の使い方や貯め方をしてきたかがわかります。

52ページの図表をご覧ください。貸借対照表の一例です(数字は仮定です)。構成する各項目についての解説は長くなるのとご存知のことも多いと思いますので割愛します。その上で貸借対照表で見るべきポイントは2つです。

1つめに押さえるべきは「自己資本比率」です。

自己資本比率とは「会社の全体の資産に対して返済の必要のない自己資本が何%を占めるか」を示す数値です。

自己資本とは③純資産の部に書かれている「純資産合計」の金額のことを指します。これが④資産合計に対して何パーセントになっているかを考えます。

貸借対照表（バランスシート）

勘定科目	金額	勘定科目	金額
①資産の部（会社が所有する資産）		②負債の部（他人資本）	
流動資産	10,000	流動負債	5,000
現預金	4,500	支払手形	2,500
受取手形	900	買掛金	1,300
売掛金	1,400	短期借入金	1,200
有価証券	2	固定資産負債	2,500
商品	1,100	長期借入金	2,500
貸倒引当金	500	負債合計	7,500
その他	0	③純資産の部（自己資本）	
固定資産	12,000	資本金	10,000
建物・構築物	2,200	利益過剰金	4,500
土地	9,500		
その他	300	純資産合計	14,500
④資産合計	22,000	⑤負債・純資産合計	22,000

単位：千円

①の会社が所有する資産に対して②の他人資本を抜いた③の自己資本が何パーセントなのか？　例の図表では2億2000万円に対して1億4500万円なので約66％になります。

自己資本比率は30％が1つの目安とされています。自己資本比率が30％以上だと「安定企業」、50％以上だと「優良企業」と呼ばれますので、例の貸借対照表の企業は「超・優良企業」と言えるでしょう。

まずはこれを聞かれたらサッと答えられるようになっておきましょう。

2つめに押さえるべきは「現預金」と「純資産合計」です。

①資産の部の中にある「流動資産」の1つ目の項目と、③純資産の部の最後の項目に当たります。要するに「会社にどれだけお金があるか？」を示す部分ですので、これらの金額が毎年増えているかどうかを経営者は見なければいけません。

これらが増えていれば経営は順調と言えますし、逆に減っている場合はどんどん危なくなっていることになります。

ここまでは最低限のこととして押さえておきましょう。

キャッシュフロー計算書で押さえるべきポイント

次にキャッシュフロー計算書についてです。キャッシュフロー計算書は貸借対照表とリンクするものなので先に解説します。

キャッシュフロー計算書は「企業のお金の流れ」を把握できる書類です。「キャッシュフロー・ステイトメント（C/F）」とも呼ばれます。本業でどれだけ現金を稼いでいるか、投資でどれだけ現金を増やしているか、銀行からの借り入れや返済がどうなっているかがわかります。

55ページの図表をご覧ください。キャッシュフロー計算書の一例です（数字は仮定です）。ここで押さえるべきは「営業活動によるキャッシュフロー」だけです。

他にも「財務活動によるキャッシュフロー」などがありますが、これは銀行からの借入金でここが増えたら困ります。しかし、営業活動によるキャッシュフローがプラスになっていれば借りる必要もなくなるので、やはり大事なのはここです。

さらに、大事なのは営業活動によるキャッシュフロー内の項目「営業活動によるキャッシュフロー」がプラスでなければキャッシュアウトしていることになります。要するに、会社の現預金がどのくらい増えているか／減っているかの指標になるわけです。

項目「営業活動によるキャッシュフロー」が増えていくことで貸借対照表の「現預金」も増えていきます。

また、次にお伝えする損益計算書内の「営業利益」について、これがイコール現金だと考える読者もいるかもしれませんが、利益と現金は別です。そして、**大事なのは現金＝キャッシュ**です。

キャッシュが回らないと会社は倒産してしまいます。

営業活動によるキャッシュフロー

区分	金額
当期純利益	1,300
減価償却費	1,100
有価証券評価損	1,200
固定資産処分損	1,400
固定資産売却益	▲900
売上債権の増減	▲500
棚卸資産の増減	▲600
仕入債務の増減	500
営業活動によるキャッシュフロー	3,600

単位：千円

ですから、まずは税理士に言ってキャッシュフロー計算書を取り寄せましょう。そして当該の部分がプラスかマイナスかを見てください。その上で最低限プラスになるような会社経営をしていかなければいけません。

マイナスになっているのであれば改善が必要です。例えば、1億円の工事を受注したとして、人件費や材料費などを1ヶ月～6ヶ月のサイトで支払わなければいけないとします。

その場合、1億円がいつ入ってくるかが重要になることはわかると思います。

半年以内であればそれで支払いはできますが、1年後では持ち出しになります。後者のような仕事をしないで済むような仕組みづくりを考えていく必要が出てくるのです。

損益計算書で押さえるべきポイント

損益計算書は収益・費用・利益が記載されている書類です。「プロフィット・アンド・ロス・ステイトメント（P/L）」とも呼ばれます。

私は**損益計算書は「会社のその1年間の通信簿」**のようなものだと解釈しています。これを見ると会社がその1年間で「費用を何に使って」「どれだけ売上が上がり」「どれくらい儲かったのか」を読み取ることができます。

58ページの図表をご覧ください。損益計算書の一例です（数字は仮定です）。

損益計算書で見るべきは「営業損益の部」だけで構いません。付加価値額経営を理解するためにはこれで見るのが一番わかりやすいですし、さらに押さえるべきポイントも1つだけです。

押さえるべきポイントは「売上総利益」です。

先述の通り、建築業や製造業や工事業などの場合、現場で作業している社員の給料が「原価」として計上されるのが慣例になっています。

つまり、58ページの図表で言えば「２０００００（千円）」の中に作業している社員の給料が含まれている、ということです。さらに「販売費及び一般管理費」の中の「給与」には、営業職や事務職、経営者や役員の給料が入っています。

1つの表の書類の中に同じ人件費が別々の勘定科目で記載されているわけです。

付加価値額経営ではこれを「ひとまとまりの人件費」として考えます。

売上原価の中に入っている現場で作業する社員の人件費を、販管費の中の給与に含めて計算します。この場合は原価に含まれている人件費を仮に3000万円とします。

すると計算式が変わって、損益計算書は次の表のように変化します。

「売上原価」が3000万円分減って「売上総利益」と「給与」と「販売費及び一般管理費合計」がそれぞれ3000万円ずつ増えました。そして「営業利益」には変化が生じていないことがわかると思います。

売上原価は「会社の外に出ていくお金」であり、売上総利益は「会社の中に残るお金」です。付加価値額経営で損益計算書を再構成することで、この2つを明確に区別できるようになり、かつ出ていくお金を減らすことができました。

損益計算書（P/L）

項目	金額			
営業損益の部	売上高			300,000
	売上原価			200,000
	売上総利益			100,000
	販売費及び一般管理費	給与	70,000	
		減価償却費	1,000	
		その他	1,500	
	販売費及び一般管理費合計			72,500
	営業利益			27,500

単位：千円

↓

付加価値額経営の損益計算書（P/L）

項目	金額			
営業損益の部	売上高			300,000
	売上原価			170,000
	売上総利益			130,000
	販売費及び一般管理費	給与	100,000	
		減価償却費	1,000	
		その他	1,500	
	販売費及び一般管理費合計			102,500
	営業利益			27,500

単位：千円

営業利益から付加価値額・付加価値率を設定して来期の目標を立てる

いかがでしょうか？　特に損益計算書の考え方によって付加価値額経営がより身近に感じられるようになったのではないでしょうか？

ここまでが腑に落ちるようになったら、次は「付加価値額をもとに来期の目標を決める」という話に進むことができます。

58ページの図表「付加価値額経営の損益計算書」を見るときに押さえるべきポイントは2つあります。

それは「営業利益」と「売上総利益」です。私は売上総利益を「付加価値額」と呼んでいますので、ここからは「付加価値額」に統一して話を進めていきます。

本章の冒頭で「売上を上げることを考えるのをやめてもらいたい」とお伝えしましたが、**経営者が伸ばすことを考えるべきは売上ではなく「付加価値額」**です。

要するに、会社の中に残るお金を増やすことを最優先に考えるのです。

そのために一般の経営者は売上を上げようとしますが、そうではなく、発想のスタートを営業利益から考えるようにシフトチェンジします。

「来期はこれだけの営業利益を残したい」と考えるところから始めて、そのためには付加価値額がいくら必要かを考えます。

58ページの図表をベースに考えて営業利益が「23000（千円）」必要だと仮定し、販管費も増えることを念頭に付加価値額を仮に「140000（千円）」必要だとします。

この額を稼ぐために来期の目標設定を立てるのです。

さらに「付加価値率」も求めていきます。

「売上高」に対して付加価値額が占めている割合を「付加価値率」と言います。

図表の例で言えば3億円の売上に対して付加価値額は1億3000万円なので付加価値率は約43％ということになります。

これを44％にするのか、45％にするのかを経営者が決めて、目標の付加価値額「140000（千円）」を目標の付加価値率「44％」で達成するためには、売上高がいくら必要になるかを算出するのです。

これが付加価値額経営における目標の立て方です。

通常であれば「来期は売上◇億円を目指すぞ！」と目標を立てて企業は動き出します。しかし、何度もお伝えしている通り、売上だけを上げてもそれに比例した利益が出るわけではありません。

売上1億円で利益が5％の500万なら、売上が2億円になれば比例して利益が1000万円になるわけではないのです。

利益は「出るもの」ではなく「出すもの」です。

出すためには事前に「いくら出すか」を決める必要があります。

まず利益を決めて、そのために必要な額を決めていく。この逆算の考え方が付加価値額経営なのです。

付加価値額経営実践のための5つのステップ

ここまでの内容を踏まえて、付加価値額経営を実践していくための5つのステップを概要としてお伝えします。詳しい内容は別章でお伝えしますし、ステップの中にはここまでお伝えしたものと重複する内容も混じっています。

ただ、付加価値額経営の実践は今日始めてすぐに明日から結果が出るものではありません。さらに、経営者だけがこの考え方で、役員などの幹部や一般社員に浸透していない状態でもうまくいきません。

まずは経営者が考え方を変え、全社に浸透させていく必要があるのです。

しかし、経営者がいくら浸透させようとしても固定観念にとらわれてしまっている経営者以外の人たちを説得するのには時間がかかります。くり返し、何度も伝えていく必要があります。

ですから本書でも、まずは経営者であるあなたに考え方を変えてもらうために、考え方の部分で重複する箇所が出てくることはお許しください。

ステップ1：「出ていくお金」と「残るお金」を定義する

これはすでにお伝えした損益計算書における考え方をシフトチェンジすることです。売上原価の製造や工務に関わる人件費を販管費に計上することで原価が下がり、売上総利益と給与の数字が上がる。そうすることで会社が外に払うお金と会社の中に残るお金が明確になります。

製造業や建設業以外の業種でも人件費が原価の中に入っている可能性もあります。まずは税理士にそれを伝えて、すべてを移してもらいましょう。

ただし、最初はかなり抵抗されることを想定しておいてください。「そういうものである」という固定観念にとらわれてしまっているからです。

その抵抗に抵抗するのが経営者の仕事です。

私のケースでもかなり抵抗されたことをお伝えしましたが「税金を誤魔化すわけではな

いこと」「税務署が入って何かあったら自分が責任を取ること」を伝えて付加価値額経営の損益計算書を作ってもらってください。

「実行しないなら税理士を変更する」くらいまで押し切って構いません。私の場合はそこまで言いました。

ステップ2：「がんばれば達成できそうな目標」を設定する

来期に求める営業利益に対して販管費などから目標の付加価値額と付加価値率を設定し、その上で必要な売上高を求めていきますが、会社を大きくしようと考えているなら、必然的に付加価値額は大きくなるはずです。

目標額の算出は、経営者自身のこれまでの経験則に照らし合わせて「来期をどうしたいか」で決めて構いません。

ただし、ポイントは「がんばれば達成できそう」なくらいの目標額にすることです。今期の付加価値額が1億円なのに、来期は2億円を目指すのは現実的ではありませんし、社員もげんなりしてしまいます。

1億1000万円なのか、1億1500万円なのかは読者の会社によって異なるとは思いますが、あなたが社員に対して「今期はこれだけできたんだから、来期はちょっとがんばればここまで行けるよ」と引っ張っていける（リーダーシップを発揮できる）くらいの額を設定してください。

付加価値額の目標設定の次は付加価値率と売上高も決めていきます。

売上高に対して付加価値額が占めている割合を「付加価値率」だとお伝えしました。付加価値額の目標が決まったら、次は付加価値率を決めて、必要となる売上高を算出していきます。これが目標の売上高になります。

付加価値率の設定基準は、今期の付加価値率が何パーセントであったかを基準にしてください。

例えば、売上1億円で付加価値額が3000万円なら、今期の売上高に占める付加価値率は30％になります。その上で、来期の付加価値額を3500万円とするなら、それを付加価値率30％を維持した状態で達成するために必要な売上高は1億1667万円（四捨五入）になるでしょう。

私の場合、この数字だと端数があって切りが悪いので、電卓を叩きながら付加価値率30%を30・5%にしたり30・7%にしたりして、切りのいい数字を算出します。もちろん、この場合も「がんばれば達成できそう」な目標です。

ここでは仮に1億2000万円としましょう。これが来期の目標の売上高となります。すると「これだけの付加価値額をこの付加価値率で残すためには売上がこれだけいりますね」という話ができるようになるのです。

ただし、この場合の目標売上高はあくまで目安です。大事なのは付加価値額であることを忘れないでください。

ステップ3：担当者は案件ごとに目標付加価値額に合った予算書を作成する

目標設定ができたら、それを全社で実行していきます。

ここからは読者それぞれの企業によってやり方は変わってくるとは思いますが、基本的に付加価値額を達成できる予算書を各担当者が作成し、会議にかけて承認／否認を採択していきます。

私の会社は営業担当者が取ってきた仕事の受注金額がすでに決まっています。その中で必要な材料費、外注費、直営費（自社の人件費）を記入して予算書を作成します。

あなたの会社にもプロジェクト単位の予算書があると思いますので、それをイメージしてみてください。

その上で、予算書内には「付加価値額」や「付加価値率」の項目があり、1つの仕事（工事やプロジェクト）で獲得できる付加価値額や、付加価値率を基準通り満たせるかを担当者が記入して会議にかけてもらいます。

私の会社では最低の付加価値率を一律で35％と定めています。担当者はその付加価値率を満たすために材料費の見積りを取ったり、協力業者（外注先）と直営（自社社員）の配分バランスを決定し、予算書を会議にかけます。

会議にかけた予算書の可否を決めるために、私の会社では「実行予算委員会」を毎週実施しています。さらに、実行予算委員会のあとには「工程会議」をセットで開催し、当日から2週間の各人の動きを把握・調整する会議も行っています。

工事担当者	見積作成者	営業担当者	副部長	部長	本部長	協議 / 承認	

		数量	単位	単価	金額
	予算提出 1回目	1	式		
	予算提出 2回目	1	式		
	予算提出 1回目	1	式		
	予算提出 2回目	1	式		
	予算提出 1回目	1	式		
	予算提出 2回目	1	式		
	予算提出 1回目	1	式		
	予算提出 2回目	1	式		
	予算提出 1回目	1	式		
	予算提出 2回目	1	式		
	予算提出 1回目	1	式		0
	予算提出 2回目	1	式		0

⑥直営内訳

名前		人	金額
	予算提出 1回目		
	予算提出 2回目		
	予算提出 1回目		
	予算提出 2回目		
	予算提出 1回目		
	予算提出 2回目		
	予算提出 1回目		
	予算提出 2回目		
小計	予算提出 1回目	0.0	0
	予算提出 2回目	0.0	0

	外注金額決定理由(相見積のない理由)	
	建退共 □要 □不要	
	建退共 □要 □不要	
	建退共 □要 □不要	
	建退共 □要 □不要	
	建退共 □要 □不要	
	建退共 □要 □不要	

⑦現場経費内訳

名称	予算提出1回目	予算提出2回目	備考
1.福利厚生費	0	0	
2.消耗品費	0	0	
3.旅費交通費	0	0	
4.安全対策費	0	0	
5.諸会費	0	0	
6.車輌費	0	0	
7.設計費	0	0	
8.交際費	0	0	
9.雑費	0	0	
10.廃材収入(ー金額記入)	0	0	
計	0	0	

工事管理台帳（予算表）サンプル

工番		受注先		工事名	
工期	令和　年　月　日 ～ 令和　年　月　日				

予算提出年月日	予算提出1回目	予算提出2回目
	R　年　月　日	R　年　月　日
①合計金額	0	0
②消費税(10%)	0	0
③受注金額		
④材料費	0	0
⑤外注費	0	0
⑥直営費	0	0
⑦現場経費	0	0
⑧工事原価 ⑥～⑨の計	0	0
⑨純利益(⑨／③)%	***	***
③　－　⑧	0	0
付加価値率 ⑥直営費＋⑨純利益 ÷③税抜金額	***	***
	¥0	¥0
付加価値率35% 場合(③×35%)	¥0	¥0

④材料費内訳

名　称
小　計

＊付加価値率が35%以下の場合の理由

⑤外注費内訳（請負工事）

社　名	予算提出1回目	予算提出2回目
小　計	0	0

これによって社内での人材の空白期間を減らし、付加価値額達成に大きく貢献してくれているのですが、長くなりますので別章で解説します。

ステップ4：会議で承認された担当者にだけ発注を認める

予算書を作成したら会議にかけますが、このときに最低の付加価値率をクリアしていない案件については原則承認してはいけません。そして、承認が下りていない案件に関しては担当者に発注権限を与えてはいけません。

あくまでも予算書として承認されるのは付加価値額や付加価値率をクリアしたものに限ります。経営者は安易に承認してはいけないのです。

ただし、会議で予算書をチェックするときは、担当者にプレッシャーを与えるようなことをしてはいけません。

営業担当が案件を受注してきたとはいえ、それは会社の責任でもあります。

私の会社では会議には部長クラスは全員参加して、もしも付加価値率をクリアできていない予算書の場合は「どうすればクリアできるか？」の知恵を出し合います。そこまでしてもクリアできない案件は実行予算委員会メンバーの賛同が得られれば特例を認めます。

そうすることで会社全体が1つのチームとしてまとまるだけでなく、強くもなるのです。

ステップ5：承認を受けたすべての案件の一覧表を作成する

最後のステップは、ここまでの過程を経て承認されたすべての案件の一覧表を作成します。特に製造業や建設業の場合、このような一覧表を自社で内製しておくことは大いに役立ちます。

一般的には、会社のお金の動きに関しては税理士が毎月試算表を作成し、それを見ることで確認ができます。恐らく、読者の多くは当月に〆たものを翌月に確認して、自社がどれだけ儲かっているかを確認すると思います。

現金商売のような小売業の場合は、これでも頼りになるかもしれません。

しかし、製造業や建設業は手形があったり、工期も年単位だったりするので、月ごとに〆た試算表だけではあてにならないのです。税理士の試算表で参考になるのは販管費の数字だけではないでしょうか。

結果、製造業や建設業の経営者は毎月自社がどれだけ儲かっているか／損しているかをリアルタイムで把握できなくなってしまいます。そして、1年経って決算書を見て初めて「今期は黒字だった／赤字だった」がわかるのです。

これは私自身も昔は同じで、試算表だけでは自社の状態がわかりませんでした。

そこで、内製の一覧表を作成することにしたのです。

項目に関しては、

- 台帳提出日
- 工事番号
- 発注者
- 工事名
- 担当者
- 工期末
- 受注金額

・材料費
・外注費
・現場経費内訳
・工数（人が動くのべ人数）
・労務費（直営費）
・工事原価
・純利益
・純利益率
・付加価値額
・付加価値率

です。

現在、九昭では年間600件を超える工事を行っていますが、これを一覧表で一括管理し、売上がいくらで、付加価値額がいくらで、付加価値率がいくらかをリアルタイムで把握できるようになっています。

	外注費	現場経費内訳	工数	労務費	工事原価	純利益	純利益率	付加価値	付加価値率
	0	4,000	4.0	60,000	64,000	6,000	8.57%	66,000	94.29%
	0	12,000	4.0	60,000	72,000	38,000	34.55%	98,000	89.09%
	27,000,000	5,300,000	450.0	6,750,000	69,050,000	25,950,000	27.32%	32,700,000	34.42%
	0	3,000	1.0	15,000	42,000	18,000	30.00%	33,000	55.00%
	22,000,000	840,000	330.0	5,000,000	56,840,000	30,160,000	34.67%	35,160,000	40.41%
	0	2,000	0.5	7,500	18,500	26,500	58.89%	34,000	75.56%
	0	2,000	0.5	7,500	14,500	12,500	46.30%	20,000	74.07%
	0	3,500	0.5	7,500	21,000	17,000	44.74%	24,500	64.47%
	1,600,000	1,200,000	107.0	1,600,000	14,400,000	22,600,000	61.08%	24,200,000	65.41%
	610,000	1,200	2.0	30,000	641,200	258,800	28.76%	288,800	32.09%
	80,000	15,000	4.0	60,000	155,000	25,000	13.89%	85,000	47.22%
	50,000	15,000	2.0	30,000	95,000	25,000	20.83%	55,000	45.83%
	51,340,000	7,397,700		13,627,500	141,413,200	79,136,800	114.61%	92,764,300	134.35%

ぜひ、あなたの会社でも事務や総務でこの指標を作成してもらってください。

これがあることでリアルタイムに自社の数字を言えるので、例えば銀行から「今期はどんな調子ですか？」と聞かれたときに明確に答えることができます。

当然、評価も上がりますし、融資も受けやすくなります。

事例：赤字企業から優良企業に変貌した電動機器メンテナンス会社

本章の最後に、実際に付加価値額経営を導入した企業事例を紹介します。

内製の一覧表（サンプル）

台帳	提出日	工事番号	発注者	工事名	担当者	工期末	受注金額	材料費
承認	4/1	1	○○市	点検業務	A山	2023/3/31	70,000	70,000
承認	4/1	2	○○市	点検業務	A山	2023/3/31	110,000	110,000
承認	6/5	3	●●公社	改修工事	B川	2023/5/31	95,000,000	95,000,000
承認	7/7	4	△△大学	取替工事	A山	2022/7/31	60,000	60,000
承認	4/24	5	○○市	改修工事	B川	2023/3/31	87,000,000	87,000,000
承認	9/14	6	△△大学	取替工事	B川	2022/8/31	45,000	45,000
承認	8/5	7	△△大学	取替工事	A山	2022/8/31	27,000	27,000
承認	8/5	8	△△大学	取替工事	A山	2022/8/31	38,000	38,000
承認	2/13	9	▲▲町	改修工事	B川	2023/1/27	37,000,000	37,000,000
承認	4/24	10	■■建設	改良工事	C田	2023/4/17	900,000	900,000
承認	4/24	11	■■建設	路改良工事	C田	2023/4/28	180,000	180,000
承認	6/26	12	■■建設	移設工事	C田	2023/6/30	120,000	120,000
合計							69,048,000	69,048,000

事例の内田電機工業は、私が平成28年（2016年）にM&A（企業買収）をした電動機器メンテナンス等をやっている会社です。銀行からの紹介で「経営に苦労している会社があるので、良かったら買いませんか？」という話で、私は助けるつもりで買収しました。

実際に決算書を見てみると前の期までで売上が1億7000万～2億円はありましたが、経常利益はわずか300万円しかありませんでした。「これは典型的な赤字会社だ」とその瞬間に私は判断しました。

経常利益300万円は決算の仕方で出すことのできる数字です。赤字にはしたくない、しかしウソはつけない企業が決算の数字として出すのが経常利益100万～300万円で、2億円近くも売上があるのに利益が300万円しかないのであれば、キャッシュフローが回っていないことが経験から読み取れました。

内田電機工業を立て直すために、私は初年度は赤字決算になることを覚悟で不良債権をとにかく吐き出させることにしました。

優良企業ではない中小・零細企業の場合、決算書の見栄えを良くするために不良債権でも資産にします。10年間動いていないような資材を資産にしたり、焦げついて回収できない売掛金を計上するなどして、見栄えを良くするのです。

そういった負の資産をすべて膿として外に出すことから始めました。

すると、初年度は約4600万円の赤字になりました。会社を立て直すつもりだったのでリストラなどは一切行いませんでした。むしろ、最初の1ヶ月などは毎日訪問して、どんな経営をしているかを見せてもらいました。その中で改善点を探し、付加価値額経営を実践するための土壌づくりに初年度を費やしたのです。

そして、2年目からは付加価値額経営の考え方を社員に何度も研修し、その上で目標付加価値額を1億円・目標売上高を2億円に設定し、目指すことにしました。

前年度で付加価値率は54％ほどあったので、50％は可能だと目算したのです。結果、売上は変わらず、付加価値額は８５００万円までしかいきませんでしたが、経常利益はいきなり２０００万円まで跳ね上がったのです。

それまで不良債権を用いて書類上は経常利益３００万円（実際は赤字）だったものを約7倍にまですることができました。

内田電機工業はその後も経常利益１５００万～３０００万円を推移し、付加価値比率も40～50％を継続。令和５年（２０２３年）２月の最新の決算では、約7年間で売上2億５０００万円、付加価値額1億２５００万円、経常利益３１００万円の会社になりました。

利益を出し続け、納税もきちんと行ってきたことで自己資本比率も上がりました。納税をしないと自己資本比率は上がりません。現在の内田電機工業は69・５％の優良企業になっています。

このように、付加価値額経営は実際に経営を立て直した事例も複数ある経営手法です。本章ではそのためのステップをご紹介しましたが、次章からはより詳細に社内へ浸透させ、実践していく方法を解説していきます。

第3章

付加価値額を上げるために経営者がやるべきこと

「選択と集中」で続ける仕事と断る仕事を選別する

付加価値額経営を実践していく上で、最初にしなければいけないのは現状の自社の付加価値額と、売上高に対する付加価値率を算出することです。

その方法は前章まででお伝えしましたが、本書のノウハウを実践するにあたっては、まず付加価値額経営の損益計算書を税理士に作成してもらい、そこから付加価値率を知ってください。その上で来期の目標を決めます。

目標の付加価値額と付加価値率が決まったら、次に現状の取引先を見ていきます。それぞれの受注額に対して「会社の外に出ていくお金」と「会社の中に残るお金」がどれだけあるかを計算し、それが目標の付加価値率に見合っているかを検討します。

恐らく、このときに付加価値率が高いものと低いものが工種によって分けられると思います。その中で「今後、続けていく仕事」と「付き合いをやめる仕事」が出てくると思います。

まずはその選別から行ってください。

私の場合は、最初は付加価値率を一律30％と設定しました。

付加価値額経営を知った当時、リストアップされた取引先の付加価値率を見ると、九昭の場合は20％にも満たない状態でした。それくらい低かったのですが、私は一律30％としました。

もちろん、すべての工種を一律にすることはできませんでした。

工種によって付加価値率が50％になるものや、競争が激しい民間工事であれば20％程度だったりとさまざまでしたが、それでも「今後もこの会社とは付き合っていきたい」「今は付加価値率が低いけれど、将来的に高めることができる」と踏めたものは残していきました。

現状、私の会社は付加価値率がトータルで約50％ですが、最初は20％程度だったのです。

ですから、あなたの会社でもまずは数年分を工種ごとに付加価値率を算出し、その比率が目標に対して満たない場合でも、将来性があるものに関しては残すように選別をしてみてください。

付加価値額経営のやり方を理解してもらえない会社はお断りする

工種ごとに付加価値率を計算し、あなたが決めた設定基準を満たすものはそのままでいいのですが、満たさない場合は付き合いをやめる決断も必要です。

要するに「儲からない仕事はしない」と決めるのです。

明らかに儲からない仕事を判断する基準は、付加価値率が10％にも満たないところです。もちろん、だからと言っていきなり「もうお付き合いできません」という必要はありません。

新たに付加価値額経営に基づいた見積書を作ればいいのです。

見積書を作成する場合、恐らく社内用と取引先提出用の2種類を作成していると思います。もしもそうでない場合は、新たに社内用を作成すべきです。

作成すると言っても新しく作る必要はありません。

取引先提出用の見積書に、新たに「付加価値額」と「付加価値率」の項目を追加すればいいだけです。受注金額に対して付加価値額と付加価値率がいくらになるのかを社内で判断できれば充分です。

この社内用の見積書を準備できたら、これを基準に取引先提出用を作成します。付加価値率を設定していれば、このときの見積書に記載されている金額は従来のものよりも高くなっているはずです。

受注元に対してその見積書を提出し、YES／NOの返答を待ちましょう。このときに「この金額でもいいですよ」と言ってくれる取引先とは仕事を続ければいいですし、「これではできません」というところや、相見積もりを取っていつまでも返事を引き延ばすところとは付き合いをやめていくのです。

返事を引き延ばされる場合は数週間～数ヶ月もかかることがあるので、その期間がムダになります。営業社員の工数もムダにかかってしまい、人の工数の側面で付加価値率を下げてしまいます。

付加価値額経営に基づいた見積書を提出した際、恐らく取引先から「どうしてこんなに金額が変わったの?」と聞かれると思います。

そのときは「社内的に経営方針を変えて、これからはこの金額なんです」と堂々と言えばいいのです。営業社員に言わせる場合でも同じです。「資材が上がりました」「人件費が上がりました」などの事実があれば、それらの状況に合わせてもいいでしょう。


付き合う会社を選別し、無理なところはお断りしていくと、恐らく売上としては3割程度は下がると思います。私のケースでは売上5億円の時代に1~2億円下がったので20~40%が減ったことになります。

ですが、仮に3割下がったとしても断るべきです。理由は後ほどお伝えします。

私の場合は売上が3億円でも5億円でも利益が変わらず、忙しさが増すばかりの状況でしたので、仮に儲からない仕事を切って1億円の売上が減っても利益は変わりませんでした。

逆に忙しさは緩和できたので、決断ができました。恐らく、あなたも同じ状況ではないでしょうか?

「新規を毎年3割増やすこと」が経営者の仕事

過去に読んだ雑誌の記事の中に「毎年3割の既存客が消える」というものがありました。この考え方に則して経営を考えると、会社は毎年3割の新規客を増やさないと経営としては成り立たないことになります。

毎年3割の新規客を増やしてトントン。それ以上でないと会社は成長しないわけです。前項で選別によって3割は売上が下がると書きましたが、この考え方に照らし合わせれば「どちらにしても既存客は減る。それなら儲からないところを減らそう」と考えられるのではないでしょうか？

その上で、新規客を取っていくのが経営者の仕事です。

「仕事を取るのは営業の仕事じゃないのか？」

そんな風に思うかもしれません。確かに営業職の仕事はそうなのですが、売上が3億円までの会社では会社の実績も規模も看板も小さい状態ですので、営業社員ではなかなか新規の仕事は取れません。

正直言うと、社長が営業をしてもなかなか難しいので、社員ではまず無理なのです。それを押して営業社員にさせた場合、最悪のケースとして社員はつらくて辞めてしまいます。営業する人間がコロコロ変わる会社は相手から信用されませんし、人が辞めると新たに採用と教育のコストがかかるのでムダなお金が会社から出ていくことになります。

そもそも、中小企業には人が来ません。できるだけ離職は避けるべきです。

新規顧客を獲得するのは経営者の仕事です。

経営者には経営者にしかできない営業の仕方があります。

それが「トップ営業」です。

仮に相手が中小企業や中堅企業であれば、経営者が営業に行くことで向こうのトップや決裁権者レベルの人が会ってくれる確率が上がります。

私は銀行の会やＪＣの伝手で人と知り合うことをしていましたが、そのときも〝社長の名刺〟がとても役に立ちました。名刺に「代表取締役社長」と書いてあるだけで相手は話だけでも聞いてくれるのです。

もちろん、社長の名刺で仕事が100%取れるとは言いません。しかし、平の営業社員よりはずっと確率は上がります。

そうやってまずは経営者が新規営業を行い、ある程度、誰が行っても大丈夫と思えるようになってから営業社員に渡すのです。

「開拓をして、地ならしをして、畑を作って、実がなって、毎年同じ実がなるようになってから渡す」を基本指針としてください。

付加価値率の高い仕事を持ったら勝てる仕事で勝負する

新規客の次は既存客に話を移します。

工種=各取引先の付加価値率を算出し継続して取引を行う企業を決めたら、その中でも付加価値率が高い仕事を優先して展開していきます。

私の会社の事例では言えば、公共工事である交通信号機の仕事が最も付加価値率が高く、当時、トータルで20％にも満たない状態だったにもかかわらず、この仕事だけで付加価値率が50％ほどありました。

当時は福岡県警だけでしたが、これを他県に広げていこうと考えたのです。

福岡県警だけでなく山口県警、佐賀県警、大分県警の仕事をどうすればできるかを考え、営業所を出しました。建設業法に則って技術者を置き、県や市町村に営業をかけたのです。

あなたの会社でも**付加価値率が高い仕事があった場合、それを他のエリアに広げていくことで選別によって失った売上を取り返しつつ、付加価値額・率ともに高く維持することができます**。

同じ仕事を水平展開させるだけなので新規としてもやりやすいです。

ただし、他県に進出する場合は注意が必要です。

まず、一気に展開しないことです。1県ずつ展開します。人もお金もかかることなので一歩ずつ実績を積んでいきましょう。

次に、県庁所在地などの大きな都市ではなく、その周辺にある市町村を狙ってください。県庁所在地は仕事はありますがその分、競争も激しいです。業界が固まっているので参入障壁も高くなります。

しかし一方で、小さすぎるのも問題です。今度は仕事がないからです。

ちょうどいいのは人口20万人ほどの都市です。50万人だと多く、10万人を切ると小さいと考えてください。公共工事の場合、市町村レベルで仕事がありますので中堅地方都市であれば仕事を取っていけます。

もちろん、これを率先して行うのも経営者です。

最後に、県によっては〝土地柄〟があり、よそ者を受け入れないところがあります。

隣県の進出はうまくいき、年間で6000万～1億円の受注がありました。

しかし、最初の数年は良かったのですが、5～6年経った頃に県下の業界団体から圧力がかかりました。業界団体が県や市に陳情に行ったのです。

これは考えてみれば当たり前で、私が逆の立場でもそうします。

ただ一方で、土地柄という面ではオープンなところも存在します。

私の場合で言えば△△県はオープンで、仕事を取りすぎて困っているときに△△県下の業者に相談したら相談に乗ってもらえました。

他県進出の際、民間企業相手であればそれほどでもないかもしれませんが、公共事業の場合は地元の圧力がかかることもあるので、そこは理解と覚悟をしておきましょう。

将来性があるなら付加価値額を満たさない仕事は「経費」と考える

付加価値率によって取引先を選別していくに際して「会社で決めた基準を満たせていないけど将来性のあるところとは取引を続ける」とお伝えしました。

これは新規客を獲得する場合でも同じ考え方ですが、将来的に付加価値率を伸ばせる可能性がある取引先であれば、現状は基準を満たしていなくても取引はすべきだと私は考えます。

付加価値額経営に移行したあと、私の会社では**下請け仕事はしない**という指針も併せて打ち出しました。建設業や製造業の場合は、特に大手企業や中堅企業の下請けとして仕事を受注することは少なくないでしょう。

しかし、いつまでも下請けの状態では大きな利益は取っていけません。

私は下請けをやめることを決断したあと、北九州にある大手企業との直接取引を考えました。その1つがある大手メーカーでした。北九州市内に大きな工場があり、そことの取引を狙ったのです。

当時、売上は5億円になっていたので、会社の規模が大きくなったことで話は聞いてもらえるようになっていました。それまでは門前払いだったので、変化としては大きかったです。

伝手を頼ってまず子会社の仕事から受注していきました。当然、最初はこちらの言い値では仕事ができませんでした。

大手メーカー側が指定してくる金額で仕事を受けていましたが、その時代は35％の付加価値率は維持できませんでした。しかし、それは必要経費と考え、50万〜100万円くらいの小さな仕事から実績を積んでいきました。

結局、3年ほどかかりましたが受注金額は徐々に増え、やがて1000万円を超えるようになっていったのです。


企業名を問わず、将来的に付加価値率を伸ばせる可能性がある取引先であれば、現状は基準を満たしていなくても取引はすべきです。

付加価値率を下げる場合でも15％くらいまでは下げていいと私は思います。

代わりに実績を積み、時間をかけて会社としての信頼度を上げていきましょう。仮に大手メーカーのような有名企業と付き合いがあれば、それがブランディングになって周囲の目が変わります。他の企業に営業へ行っても「あの会社と付き合いがあるんですね」と営業が楽になるからです。

この考え方は公共工事でもそのまま水平展開できます。

公共工事の場合は特に実績が必要になります。国の仕事として数はたくさんありますが、結局は実績と経審（経営事項審査）がモノを言う世界です。

最初は付加価値率が15％くらいであっても実績を作るべきです。その代わり、1億円や2億円の実績を作ってしまえば、次からはそのレベルでどんどん入っていけます。

付加価値率はいきなり定めた基準通りに行くことはありません。

九昭も17％くらいだったものが20％になり、25％、30％と徐々に上げていきました。結局10年くらいかけて現在の50％になっています。付加価値率が上がっていくことで経審の点数もあがっていき公共工事にも有利になっていきます。

長い目で見て高めていくものだと考え、臨機応変に対応していいのです。

付加価値額経営を浸透させて「儲かる社風」を作る

ここまでは営業活動に関してお伝えしてきましたが、ここからは経営者のやるべきこととして「社内の環境整備」についてお伝えしていきます。

付加価値額経営を実践していくためには、経営者1人が理解しているだけではダメで、幹部や一般社員に至るまで全員が1つの目標に向かって進んでいける「ワンチーム」の状態でなければいけません。

九昭ではそのために「社員心得」というクレドカードのようなものを作り、全社員に配布し、常に携帯をさせています。さらに、毎週月曜の朝8時30分から15分間の「朝会」を開催し、社員心得の浸透を行っています。

クレドカードとは「その会社の信条や理念、従業員が心がける行動指針などを簡潔に示した言葉を書いたカード」のことで、有名なのはザ・リッツ・カールトンの「ゴールドスタンダード」ではないでしょうか?

本書では、あなたが作成するものを便宜上「クレドカード」と呼んで先に進めます(「社員心得」はあくまでも九昭での呼び方なので)。

クレドカードについてはインターネットで検索をするとすぐに出てきますので、このようなものを作成しましょう。とはいえ、すぐに作れるとは限りませんし、何を記載すればいいかも最初はわからないと思います。

私自身、会社の売上が3億円から5億円になるまでの停滞期に社員教育をしようと考え、その過程で社員心得を作りました。

何度もバージョンアップして現在のようになっていますが、最初は自分の好きな言葉をワープロで打ち込み、まとめるところから始めました。

あなたも最初はまとめるところからで構いません。不器用でも構いませんので、社員に浸透させたいあなたの考え方を言葉にしてみましょう。九昭の社員心得を参考にしていただいても構いません。

ただ、その際に外してはいけない5つの項目がありますので解説します。

クレドカードに入れる項目①「企業目的」

企業目的には「会社が何のために存在しているか？」を書きます。

会社をピラミッドで考えたときに、その頂点にあるのが企業目的であり、すべての企業活動に対しての目的になります。「仕事をする上での頂点」と言い換えてもいいでしょう。仕事を通じて会社や従業員たちが社会に対してどのような存在になるのか、また、自分や周囲の人たちがどのような状態になるのか、あなたの考え方を示してみてください。

クレドカードに入れる項目②「経営理念」

経営理念には「自社の強みを活かしてどういう会社にしていきたいかの指標」を書きます。

技術力や営業力や人間力や素材力など、あなたの会社には他社に負けない何かしらの「強み」が存在しています。まずはそれを明確にし、その強みを活かして「何をしていくのか」を考えましょう。

中小・零細企業の多くは、規模や売上高や資金力や知名度では大手企業には勝てません。しかし、それでも卑屈にならずに「大手企業には負けないあなたの会社なりの何か」を見つけて記載してください。

クレドカードに入れる項目③「基本方針」

基本方針には「経営理念を実現するために守るべき約束」を書きます。

私の会社ではこれを5つで表現していますが、3~5個くらいがバランスがいいと思っています。

読者によってはたくさん思いつくかもしれません。しかし、あまり多いと社員が混乱したり、矛盾が生じて詳しい説明が必要になることもありますので注意してください。

クレドカードに入れる項目④「社員信条」

社員信条には「自社にふさわしい社員の考え方」を書きます。

誤解を恐れず本音を言えば、中小・零細企業は大手企業に比べて人材の面では不利なところがあります。誰しも安定した大手企業に入りたいものだと思いますが、そこに入れなかった人が第二、第三以降の選択肢として選ばれるのが中小・零細企業の現実だと思います。

それでも、入ってもらえた以上は熱意を持って仕事をしてもらい、大手企業に負けない会社にするために社員信条が必要です。

それにそもそも人間は個々で育った環境も考え方も違います。そんな本来バラバラな人たちを1つにまとめ、同じベクトルで進んでいくことで会社はチームとして強くなります。そのためにもこの項目が必要です。

クレドカードに入れる項目⑤「ビジョン」

ビジョンには「会社の将来的な夢」を書きます。

社員の立場からすると、会社が将来に何を目指しているのかがわからないと、自分たちがそのために何をすればいいのかがわからなくなります。仕事へのモチベーションが持続しません。

ですから、5年先のビジョンを示してください。それがあることで社員たちは何を目指せばいいかがわかり、やるべきことが明確になります。

ビジョンは1つでもいいですし、複数あるならそれでも構いません。「会社の状態」「社員の状態」などの切り口で考えると複数出てくると思います。

これら、最低でも5つの項目を書いたクレドカードを作ることで、会社が1つにまとまるきっかけを生み出すことができます。

さらに、付加価値額経営を実践しながらこれを浸透していくことで儲かる社風が生まれていくのです。

付加価値額経営を全社で実践するための会議を設定する

第2章の「付加価値額経営実践のための5つのステップ」のステップ3と4にて「付加価値額経営基準で作成した予算書を会議にかける」という話をしました。

社内を環境整備していく段階で、全社できちんと付加価値額経営を実践する姿勢ができているかどうか、実際にこの考え方で進んでいるかを逐一確認するために、このような会議をする機会を設けるようにしましょう。

九昭の例を語るため恐縮ですが、これを行っていくことで付加価値額経営から外れずに会社を運営していくことができるようになりますので、参考例にしていただけたらと思います。

案件のGOサインを決定する実行予算委員会

会議は2つあり、1つめが「実行予算委員会」です。

これは毎週月曜日の16時30分から30分間行っています。工事を受注してから2週間以内に担当者は予算書（工事管理台帳）を作成して会議にかけます。

予算書はエクセルで作成されています。予算書に工事の合計金額、消費税、税抜き受注金額、材料費、外注費、直営費、現場経費、工事原価、純利益、付加価値率（＝直営費＋純利益÷税抜き受注金額金額）、自社で設定した付加価値率の場合の金額を書き込むところがあります。

さらに材料費、外注費、直営費、現場経費などはそれぞれ詳細を書き込む部分がありますす。エクセル表はマクロを組んでありますので、材料費や外注費などのそれぞれの金額を打ち込むことで、合計のところに自然と飛ぶようになっています。

この予算書を、私を含めた幹部層や部長たちで確認し、基準に沿った工事ができるかを確認します。そして第2章でもお伝えしましたが、承認されたものだけが発注可能な仕組みにしています。

実際問題として、工事なので動き出すと色々なトラブルが起きます。

設計変更があったり、穴を掘ったら予想外のものが出てきたり、追加工事が必要になったり、予定よりも工期が延びて外注費がかかったり、などです。そういう場合も計算し直して、その都度、実行予算委員会に上げ直します。

担当者の空白時間をなくす「工程会議」

2つめの会議が「工程会議」です。実行予算委員会が終わったあとの30分間を使って、今日から向こう2週間の人の動きを詳細にチェックしていきます。

事前に2週間分の各部署の社員たちがどのような動きをするかの一覧表を作成しておきます。

私の会社では工事本部長が一覧表を作りますが、読者の会社では組織編成がどのようになっているかはわかりませんので、課をまとめる課長のような「リーダークラス」が個々のグループでまとめ、さらに上長に当たる部長クラスの「責任者」が1枚にまとめるように工夫をしてください。

その表を参考に、各現場社員が今日から2週間、どのような動きをするのかを確認します。

例えば、3つの課があって、それぞれに3人の現場社員とリーダーが1人いるとします。現場社員はA君～I君までの9人いることになります。

今週の水曜日に第一工事課のA君が空いているとすると、それを第二工事課の水曜日の仕事に行ってもらうわけです。すると、人材の空白がなくなり、ムダなく人を配置することができます。

何も仕事をすることがない社員が1人（1日）でも発生するとそれだけ付加価値額は下がります。空いている社員を必要な場所へ動かすことで、人材のダブつきを防げますし、かつ課を超えた横の連携もでき、付加価値額も維持できるのです。

2つの会議はセットだからこそ機能する

私は、実行予算委員会と工程会議は2つでセットだと思っています。セットになっているから機能するのです。

あなたの会社がどのような組織図になっているかはわかりません。

しかし、基本的には管理職クラス以上の社員が参加し、付加価値額を達成し、付加価値額を維持するための話し合いの場を設けるようにしてください。

予算表の書類に関しては、すでに社内にあるのであればそれを使っていただいて構いません。そこに「付加価値額」「付加価値率」の項目をプラスしてアレンジすればOKです。

人員の工程表に関しても、すでに似たものがあるならそれをアレンジして使っていただいて構いません。

もしも存在しないのであれば、各現場社員の2週間分の行動管理表を作成しましょう。「誰が」「いつ」「どこで」「何をしているか」がわかるものを作成すればいいのです。

稲盛和夫氏の考え方に学んだ人事評価シートを作成する

社内の環境整備においては「人事評価制度」も重要なものの1つです。

九昭の売上が5億円になった頃に数年間、停滞した話を第1章でお伝えしました。3億円から5億円になるときもそうだったのですが、企業の業績は「人」が育つことで上がっていきます。

つまり、停滞期は「人を育てるチャンス」でもあるのですが、社員教育に関しては次章でお伝えするとして、ここでは人事評価制度についてお伝えします。

中小・零細企業で人事評価制度というと、属人性のない、小難しくて、堅苦しいもののように感じてしまうかもしれません。

しかし、現実はそんなことはありません。「人」に関してあなたが大切にしている考え方をベースに作成すればいいのです。

私の場合、会社を父から受け継いで売上アップに必死になっていた頃、さまざまなビジネス書や自己啓発書を読み漁り、経営ノウハウや経営哲学を参考にしようとしました。その中でも最も共感できたのが稲盛和夫氏でした。

そもそも、人事評価の基準を作成しようと思ったのは、大手企業や中堅企業が持っているものだったからです。

実は売上3億円の頃にコンサルティングを受けて一度作成したのですが、そのときは九昭がそこまでの組織でなかったので機能しませんでした。そこで稲盛氏の考え方をベースに、自社の規模感に合ったものを作成したのです。

稲盛和夫氏の本を1冊でも読んだことがあれば、恐らく次の方程式を見たことがあると思います。

《人生と仕事の結果＝能力×熱意×考え方》

稲盛氏曰く、能力と熱意には0〜100点まで、考え方にはマイナス100点〜プラス100点までがあり、考え方次第で人生や仕事の結果が180度変わるそうです。

どれだけ能力が高く、熱意があっても、考え方がまずければマイナスの結果しか出ません。「100×100×（-100）＝-100万」になるわけです。

私は経営者としてこれを**「成果＝能力×熱意×考え方」**としました。

つまり、社員が成果を出すために大事なのは能力や熱意ももちろんですが、一番は「考え方」ということになります。

私はこの考え方で人事評価シートを作成しました。


項目の内容はシンプルで構いません。

能力の項目には「自社の仕事を担当するにあたって必要な能力や資格」について10項目をピックアップし、それぞれを0～10点で評価をします。全部10点であれば100点になります。

熱意の項目には「社会人としての立ち居振る舞いや、仕事においての振る舞い」について同じように10項目をピックアップし、それぞれを0～10点で評価をします。

考え方は「社員心得」で記載したような、経営者が社員に持っていてもらいたい考え方を10項目ピックアップし、それぞれをマイナス10～プラス10点で評価をします。


いかがでしょう?

このくらいであれば人事評価制度を堅苦しく感じることはないと思います。大手企業や中堅企業とまったく同じものである必要はなく、自社に合わせていいのです。

さらに、まだ組織が小さい場合は難しいかもしれませんが、社員の評価を経営者1人が行うのではなく、幹部クラス、直属の上司も参加してここに評価できる「360度評価」の形を目指してみてください。

それによって個人のバイアスがかかりにくい、適切な人事評価ができるようになるはずです。

第4章

会社を1つのチームにまとめる社員教育

「クレドカード」を基準にした勉強会を開く

第3章でお伝えしたクレド。私の会社では「社員心得」としていますが、あなたの会社でも作成し、何かしらのネーミングをしてください。

そして、ポケットに収まるサイズの手帳や冊子の形にして社員たちに配布し、常に携帯してもらうように仕組み化しましょう。

印刷は印刷会社に製本してもらうようなことをするとコストがかかります。

もちろんそれでもいいのですが、バージョンアップしていくことを念頭においてベストの選択をしてください。

ただし、クレドカードは作って持たせているだけでは意味がありません。

社員教育の一環としてきちんと浸透の場を作り、経営者自らが掘り下げて説明する必要があります。

浸透させるいくつかの方法をお伝えします。

採用時にじっくりと会社の想いを伝える

まず、採用時に時間を取って話す方法です。

新卒でも中途でも関係なく、社員を採用したら初日に1時間〜1時間半ほど時間を取って1対1で付加価値額経営とクレドカードの内容を話します。

ここでは時間が取れるので、じっくりと自社のやり方である付加価値額経営とはなんであるかを説明し、売上高ではなく付加価値額と付加価値率を目標設定として達成する会社であることを伝えます。

さらに、クレドカードも渡して項目について1つひとつ解説します。

定期的な全体研修を催して伝える

次に、全体で集まれるタイミングで全体研修を行い、そこで伝える方法です。

九昭は6月が決算なので、「7月頭」と「1月の新年会」のときに全体で集まる機会があります。その年2回の集まりでは全体研修と懇親会をするのですが、そのときにじっくりと伝えます。

あなたの会社でも決算月の翌月や、忘年会・新年会など全社的な催しがあると思います。時期や回数はおまかせしますが、せめて年2回は催し、会社とのベクトル合わせと社員の慰労を行ってあげてください。

週1回の朝会で項目ごとに伝える

最後は基本の催しです。

週1回、曜日を決めて早朝に「朝会」を開催し、短時間で限られた項目だけを伝える方法です。

九昭では毎週月曜日の朝8時半からの15分間を「朝会」の時間として設定しています。コロナ禍によって変化があり、現在ではZoomのようなオンラインツールを使って全員が参加できるようにしています。

もちろん、15分では付加価値額経営や「社員心得」の内容のすべてを話すことはできません。じっくり話すのは前項の2つのタイミングです。

付加価値額経営に関しては、いつも同じ話で構いません。同じ話を何度も、それこそ耳にタコができるまで伝えることが重要です。一度では伝わらないと考えて、何度も何度もしつこいくらい話しましょう。

クレドカードについては、その内容に沿うこともあれば、似たような出来事が世間であれば、それを題材に話をするのでも構いません。

別途じっくり話す場を設けているからこそ、臨機応変に対応できるのです。

「あなたにお金を払っているのは私です」と伝える

では具体的に、社員教育では何を伝えればいいのでしょうか?

本章では付加価値額経営を実践し、会社のベクトルを1つにまとめ上げていく視点で社員教育〝案〟をお伝えしていきます。

まずは「誰が社員の給料を払っているのか？」を明確にします。

新入社員研修などをすると、講師から「あなたに給料を払っているのは誰だと思いますか？」という意味合いのことを質問されると思います。

私自身、大学を卒業して日立に入社したときに研修で同じような質問をされました。答えあぐねていた私に講師は「お客様ですよ」と言いました。

以降、私はずっとそう思って生きてきました。しかし、会社経営をするうちに「中小・零細企業では必ずしも当てはまらない」と考えるようになったのです。

ですから私は、社員には最初に「あなたに給料を払うのは私ですよ」と伝えることにしています。会社ではなく社長である「私」が払っているのです。

「あなたに給料を払っているのは誰だと思いますか？」と質問すると、10人いたら8人は「お客さんです」と答えます。残り2人は「会社です」と答えます。

どちらも間違ってはいないのですが「言いにくいことだけど、私が社長である以上、私があなたに給料を払うんだよ」と伝えます。

確かに、お金の流れそのものは「お客さん→会社→社員」です。

しかし、これではベクトルが違います。お客さんは仕事を出す側で、こちらは仕事をもらう側です。向こうは1円でも安くしたいが、こちらは1円でも高くもらいたいもの。正反対とは言いません。発注する側と受注する側で立場は違えど、同じ目標に向かう仲間のようなものです。しかし、そこには〝1度〟の差があります。

たった1度の違いは2本の直線が進んでいくと大きな開きになります。

「給料を払っているのはお客さん」の頭だったら、もしも社長とお客さんの言っていることが異なった場合、最終的にどちらを取るかの判断で「お客さん」を取ってしまいます。

それでは会社は困ります。


社員はあくまでも企業に属する人財です。

企業のトップは社長＝私です。野球で言えば監督です。

監督がバントのサインを出しているのに、ファンが見たがっているからとホームランを狙われては、それでホームランを打ってその試合は勝つかもしれませんが監督のサインを無視するようなチームが長いペナントレースで優勝できるとは思えません。

２０２３年のＷＢＣメキシコ戦では、侍ジャパンは逆転劇を演じて盛り上がる試合をしました。しかし、現実の野球のメインはペナントレースです。

同じように経営も勝ち／負けがありながらも最後に優勝を目指す長い戦いの連続です。そんな長い戦いを生き抜き、勝ち残るためには、小さい会社は社長と社員のベクトルが合っていなければいけません。

もちろん、伝える際には誤解がないようにしないといけません。「私が給料を払ってやってる」の精神ではありません。

しかし、会社を長く継続するために社員は不可欠であり、その心得として中小の小さなチームが効率良く勝つためにはリーダーの指示に従うことは伝えなければいけないのです。

「出船の精神」で準備・段取りの重要性を身に付けさせる

旧日本海軍の教えで現在の海上自衛隊にも受け継がれている「出船精神」というものが

あります。

これは、いざ出発をする際に直ちに出港（出発）ができるようにあらかじめ準備しておく心構えを指す言葉です。艦船が着港する際に、船首を出口（海側）に向けている状態を「出船」と呼ぶことからこの考え方になっています。

逆に船尾を出口に向けている状態を入船《いりふね》と言います。

物事は準備や段取りがすべてです。準備をして、先に行動したものが勝ちます。このような精神を日常化させるためにも、社員には出船の精神で準備や段取りの重要性を徹底させることが大事です。

例えば、プライベートでコンビニやレストランに行くときでも、駐車場に車を頭から突っ込ませるか、お尻から駐車するかによって出るときのスピードは変わります。こういったことを教え、私生活から徹底させるようにしましょう。

1つの行動の心が仕事の意識にも大きくつながっていくからです。

出船の精神以外にも社員に伝えるべき心構えはあります。

例えば私は、朝は早く起き、約束があれば誰よりも早く着いて、物事を決めるときでも早く決断をします。即断・即決・即行を心がけています。

もちろん、それによって間違った判断をするときもあります。そんなときはすぐに修正をします。一番よくないのはグズグズしてしまうことです。

人間には3種類の人がいます。

ゴミが足元に落ちているとき、あるいは電車に高齢の方が乗ってきたときでもいいでしょう。

「気づいてベストな行動をする人」

「まったく気づかない人」

「見て見ぬフリをする人」

の3種類の人がいます。

どの人生を歩みたいか？　そう社員に聞くとほとんどの人は「気づいてベストな行動をする人」と答えます。ゴミが落ちていたら拾い、高齢の方がいたら席を譲る人でありたいと。

ただ、大切なのは「現実でそのような行動をとっているか」です。

たまたまゴミや電車の話をしましたが、これは仕事にもスライドできますし、安全にもかかわることです。

小さなことに気づく人がいい仕事をします。雑な仕事をする人は気づかないものです。小さなことに気づき、行動できる人が「デキる人」になるのです。

準備でも気遣いでも即断・即決でも、できない人は言い訳をします。

「やろうと思っていたけど、別件があってできなかった」

そもそも、この考え方が違います。「できるかできないか」は他責の考え方です。行動しなかった理由や責任を自分以外のものに置いています。

そうではなく、大事なのは「やるかやらないか」です。この考え方は自責の考え方であり、自分の未来を自分で創るための言葉です。

デキる人は災害などの〝何か〟があってもそのあとに行動します。そして達成します。「やるかやらないか」で考え、「やる」と決めたらすぐに行動する。そして、できるまでやる。すると必ずできることを知っているのです。

「これを付加価値額経営の社員教育と何の関係があるのか?」

そう思うかもしれません。

しかし、**付加価値額経営は会社=チームの目標**です。最初から「できる/できない」の発想の人がいたらできなくなってしまいます。「やる/やらない」の発想で、チームの中で自分がどう貢献できるかを考えられる人がいることで目標は達成できるのです。

ですから、このような精神を社員たちに浸透させ、普段から徹底する習慣を身に付けさせることが重要なのです。

電話は1分・会議は30分でスピード感ある仕事を身に付けさせる

第3章で実行予算委員会と工程会議の話をしました。週1回、各30分で行われていますが、もしかすると「そんなに重要なものをそんなに短い時間でいいのか?」と感じたかもしれません。

結論から言えば、30分で充分です。もちろん、始めた頃は深夜までやっていることもありましたが、できるだけムダを省き、必要なことだけを短時間で終わらす習慣を全社に浸透させた結果、現在のようになりました。


ポイントは「結論ファースト」でコミュニケーションを取ることです。

そもそも日本人は結論から話すのが苦手です。これは日本語の構成が「主語+目的語+動詞」の順で話される言語だから、ということもあるでしょう。

電話でも会議でも発言者が最後に結論を言う流れで話し始めることで1つのトピックが長くなり、結果的に終了が遅くなってしまうのです。

しかし、結論を最後に言う話し方は友達との会話の話し方です。

ビジネスにおいては「結論ファースト」で話すこと。仕事とプライベートではコミュニケーション方法を変えないといけないのです。

結論ファーストで話せば電話は1分、会議は15〜30分で済みます。

要点だけを絞って話をし、それ以外の事柄については別途時間や場を設ければいいのです。結論ファーストと会話の目的を定めて、要点を絞って話すことを徹底させることで仕事のスピード感は出せます。

そうなると資料作成も変化が起きます。すべてを網羅したものではなく、その場において必要なものに絞ることで、シンプルでわかりやすいものを作ることができ、作成時間も短縮できます。

このような習慣を経営者はもとより幹部や一般社員にまで浸透させることで、残業もムダな会議もなくなり、生産性が上がります。結果、付加価値額は伸びていきます。

「休むときは休む」も生産性を上げる方法の1つ

このように書くと効率性や生産性を上げるばかりで仕事まみれの人生になると感じるかもしれません。

世代的なものもありますが、正直、経営者はそれでいいと思います。

私の時代は「早飯、早糞、早支度が出世の要」と言われた時代でしたので、この3つができない経営者は出世できないと思います。


しかし、社員は別です。

休憩時間が1時間なら中途半端に仕事をせずにしっかり休む。

食事も5分で飲み込むようなことをせず、ちゃんと噛んで食べる。

休日は仕事のことを忘れてリフレッシュする。

生産性を上げていい仕事をしてもらった代わりに、休めるときはしっかり休んでもらうことも、その先の生産性を高めるコツです。

「週休2日制」は経営者の思考と覚悟で実践できる

休むことに付帯してお伝えすると「週休2日制」は、これからの会社が導入しなければいけないことの1つです。

厚生労働省の「令和3年就労条件総合調査」の形態別適用労働者割合を見ると、「何らかの週休2日制」が適用されている労働者割合は84・8%、「完全週休2日制」が適用されている労働者割合は60・7%となっています。

実に6割以上が週休2日制度のある会社で働いていることになります。

もしも、あなたの会社がまだ週休2日制を敷いていないのであれば、社員のためにも、社会的な立場からも導入しなければいけません。

6割以上に週休2日制が適用されている以上、無理にでも導入しないと今いる社員が他へ移ってしまいます（離職の問題）。

さらに、そもそも人が集まりにくい中小・零細企業であれば週休2日制がないことでますます人が集まらなくなります（採用の問題）。

週休2日制を導入するのはトップの腹づもりひとつです。

「週休2日制にするか、会社を畳むか」くらいの気持ちで取り組んでみてください。中小・零細企業がこれから淘汰される時代で、週休2日制なしでは社会的にも経済的にも生き残れません。これは有給取得奨励も同じです。

週休2日制にして、それでも会社が回るような思考回路にシフトチェンジしていきましょう。

もちろん、仕事のできる人に仕事は集中する課題は残ります。そういう人には補佐をつけるなりして休んでもらう仕組みを考えることが経営者の仕事の1つなのです。

残業は原則ナシ。するなら2週間以内に振替をさせる

現在、一部の業界では「2024年問題」が話題になっています。

働き方改革によって医療業や建設業、物流業の時間外労働の上限規制が適用されることになり、例えば物流関係ではドライバーの労働時間に罰則つきで上限が設定されます。自動車運転業務の年間時間外労働時間の上限が960時間に制限されることによって「会社の売上・利益減少」「トラックドライバーの収入減少・離職」「荷主側における運賃上昇」といった問題が生じることが取り沙汰されています。

要するに、これからの会社はおいそれと社員に残業を強いることができなくなる、ということです。

そんな変化する世の中で会社が生き残るためには、残業を「原則ナシ」とするほかありません。

もちろん、現実では残業が発生するものですが、そうであっても残業代を払うよりは、振替で休みを取れたり早く帰れたりするほうが付加価値額経営の考え方としてはマッチします。

付加価値額を上げても残業が多いのであれば、残業代が発生して人件費が上がり、利益を圧迫してしまうからです。

「残業は原則ナシで、してもいいけどするなら2週間以内に振替で休む（早く帰る）」を徹底していきましょう。これはトップダウンでするしかありません。

2週間ルールにしているのはそれを超えると忘れてしまったり、その月の給与が確定してしまうからです。もちろん、それでも取れない場合は支払いますが、額を極力減らすためにルール化するのです。

私の会社でも完全に残業がなくなったわけではありませんが、昔に比べてかなり減っています。残業を原則ナシにルール化することで、社員がどうすれば早く帰れるか、どうやりくりすれば振替で休めるかを考えるようになったからです。

「残業が少ない人を評価すること」を全社で浸透させる

第3章で評価シートの話をしましたが、社員を評価する基準において「残業が少ない人を評価すること」とするのは効果的です。

先述の通り、残業が増えれば増えるほど付加価値額を圧迫します。

ですから、そもそも残業をする社員は評価しない方向性を打ち出し、徹底的に話をして全社に浸透させるようにしましょう。

私の会社では就業時間が8時30分~17時30分なので、18時には事務所を閉めて電気を消すことを徹底しています。

このようにすることで、社員は8時間の中でどう働くかを考えるようになります。

これまでは途中でコーヒーを飲みに喫茶店に入ったり、必要以上に喫煙所で時間を潰したりしていたムダをしなくなり、自分から効率性アップ・生産性アップを考えるようになります。

そしてこの徹底が、付加価値額経営につながっていくのです。

現在、日本ではＤＸ（デジタル・トランスフォーメーション）による仕事の効率化・生産性アップが強く言われています。

しかし、どれだけデジタルツールやＩＴを導入したところで、それを使う人間側に意識があって行動に移さなければ意味がありません。ＤＸの前にまずは意識改革です。

付加価値額経営の考え方を浸透させ、それが働き方にどう影響するのかを、制度やルール作りも踏まえて経営者は全社に浸透させなければいけません。

これも社員教育の一環なのです。

熱意のある社員を引き上げて特別待遇してブレーンにする

第3章の評価制度の項目で、稲盛和夫氏の「人生と仕事の結果＝能力×熱意×考え方」の話をしました。それに合わせて人事評価シートを作成しましたが、もう1つ、この考え方に則した幹部社員を育てる方法をお伝えします。

それが「熱意と考え方を持った社員に鞄持ちをさせる」です。

「鞄持ち」は付き人や内弟子といった言い方もされますが、要するに社長や有名芸能人などの実力者の近くで仕事をする、ということです。ビジネスで言えば「社長の鞄持ち」で、経営者と朝から夜まで一緒に過ごす体験型のインターンシップのことを指します。

ちなみに経営者の鞄持ちで有名なものと言えば、株式会社武蔵野の小山昇氏の「1日36万円のかばん持ち（現場研修）」です。

しかし、ここでお伝えするかばん持ちはただのインターンシップではありません。

期間限定ではありますが、経営者が「この子は期待できる！」と感じた人を傍に置き、将来のブレーン（幹部、役員クラス）に育て上げるための方法です。

稲盛氏の考え方に則しているという意味では、かばん持ちに「能力」は問いません。むしろ大切なのは「熱意」と「考え方」です。この2つがプラスであれば学歴や能力や社歴は関係ないのです。

そして、そのような社員を見つけたら半年〜1年間、自分の傍においてかばん持ちをさせて育てましょう。

その間は必然的に厳しい教育になります。かばん持ち期間は給料も少なくなるでしょう。伸びしろを感じるところであれば指導が必要ですし、かばん持ちまでさせる以上は厳しくしないと意味がないと思っています。なぜなら自分の右腕を育てるつもりでやることだからです。

そうやって厳しくしても成長する人材がいれば、その後に特別待遇として一気に昇進をさせて構いません。

私の会社でも10年ほど前に中途入社した30代の社員がいました。

彼はいい大学を出ていたので地頭は良かったのですが、電気工事業界は初めてで能力の面では〝素人同然〟でした。しかし、考え方や熱意がとても良く、私は彼を1年間、かばん持ちとして傍に置きました。

熱意や考え方が良かったというのは、具体的に「会社のため」「チームのため」で物事を考えられる「みんなファースト」だったことです。しかも九昭でがんばっていく熱意も感じました。

彼は1年でものすごく成長し、そこからさらに幹部教育をして5年後には役員として登用し、現在でも会社のブレーンとして働いてくれています。

鞄持ちをさせ、成長させて特別待遇を与えるやり方をすると、「功罪」の2つの側面が現れます。

功は「自分も同じように鞄持ちになりたい」「自分もやればできる」という第二、第三の人物が現れることです。もちろん、そのすべてが同じように成長するとは限りません。実際に私が過去に鞄持ちをさせた中には期待通りにいかないこともありました（その場合は、然るべきポジションに戻ってもらいます)。

逆に、罪は「特別待遇に不平不満を言う人」が出てくることです。

しかし、それでもやるべきだと私は思います。かばん持ちをさせることで会社のブレーン・社長の右腕を育てられることは、不平不満を言う人が出るデメリットを補って余りある価値を感じるからです。

営業力・技術力・経営力の3つのバランスを噛み合わせる

付加価値額経営を導入し、全社一丸となって付加価値額・付加価値率の目標達成をしていくためには、全社員の「営業力」「技術力」「経営力」をアップさせ、バランスを噛み合わせていかなければいけません。

経営者は売上3億円まではとにかくバリバリと新規受注を取って地ならしをし、後続に任せたり、現場に出て後続を育てることをする必要があります。

しかしその後は徐々に経営にシフトしなければ会社は大きくなりません。

経営者が経営にシフトするためには、営業や技術面を任せられる人材を育成することが必要です。

ただしそれだけではダメで、営業職・技術職の社員ともにお互いのことを理解し、経営力を身に付け、３つのバランスを噛み合わせることが必要なのです。

では「営業力・技術力・経営力をアップさせる」とは何でしょうか？

営業力アップとは「営業できる人」を増やすことです。

技術力アップとは「技術を持つ人」を増やすことです。

経営力アップとは「経営の勉強」をすることです。

「当たり前のことじゃないか」と思ったかもしれません。しかし、あなたの会社の営業職や技術職がお互いの仕事を理解し、かつ経営についてもあなたほど理解できているでしょうか？

多くの会社では営業職と技術職はあまり仲が良くありません。

前者は「自分が仕事を取ってきている」と思い、後者は「自分たちが工事をしている」

と考えて、お互いが重なり合うことがないのです。かつそれぞれは自分の仕事で忙しく、経営の勉強をする時間を取れないものです。

しかし、会社全体で付加価値額経営を実践していくためには、営業職は技術職の現場での大変さを理解しないといけませんし、技術職は営業職がどれだけしんどい思いをして仕事を取ってきているかを知る必要があります。

そして、そのことは経営者が何度も話をして伝える必要があります。恐らく経営者は3億円までの売上を作る間にトップ営業マン／トップ技術者として働いてきているはずで、どちらの大変さも理解しているでしょう。だからこそ、伝えられるのです。

そして、彼らの経営力アップに関しては、基本的には本書の付加価値額経営の考え方を理解してもらうことです。

もちろん、経営者自身が学んできた経営ノウハウやビジネスマンとしての大切な考え方、人としての生き方などを教えるところもあると思いますが、それに加えて付加価値額経営についても伝授し、全社で理解できる環境を整えるのです。

そのためには経営者自身も経営力アップが欠かせません。

書籍を読んだり経営セミナーに参加したり、人脈交流会や銀行の会（取引している会社を対象に銀行が開く異業種交流会）などで経営者同士の情報交換をしたり、コンサルタントから情報を仕入れたり、ということが必要です。


このように個々の社員の営業力・技術力・経営力をそれぞれアップさせて噛み合わせることで、彼らの基本的な考え方が変わります。

「これだけのお金を社内に残すために、これだけの売上が必要」という考え方で仕事をするようになります。

原材料の品質を変えずに価格を落とすために3社以上の見積もりを取ること、これまで外注に任せていたものを社員がやることなど、付加価値額経営に沿った考え方で仕事をするようになるのです。

すると、おのずと付加価値額が伸び、利益が残るようになります。

第2章でお伝えした内田電機工業も同じように実践したことで結果を出すことができま

した。九昭の他のグループ会社も同様です。

「そんなことで変わるのか？」と思うかもしれませんが、ぜひ騙されたと思って実践してみてください。

付加価値額目標の達成度合いがわかるボードを作成する

本章の最後は、環境整備の話と少し近いかもしれませんが、社員の意識改革を行うための施策です。

まず「付加価値額の目標経過ボード」を作成します。これは付加価値額の達成具合を月ごとに一目で判別できるグラフです。

四六判（A1よりも一回り大きいサイズ）の模造紙を用意し、付加価値額の目標金額をタイトルとして書きます。社内に大きめのホワイトボードの空きがある場合は、それを使っても構いません。

タイトルが書けたら、横軸に決算月の翌月から1年間を12ヶ月で区切り、縦軸は5〜10分割で0円〜目標額を少し超える額の数字を書き込みます。

例えば目標の付加価値額が1億円だとしたら「2000万円」「4000万円」「6000万円」「8000万円」「1億円」「1億2000万円」という感じです。この辺りは各社の目標額に合わせてください。


ボードの雛型ができたら、これを休憩室や会議室など、社員が最もよく集まるところに貼り出します。小さな会社であれば会議室兼休憩室兼食堂だったりすると思います。

そして毎月、達成できた付加価値額を棒グラフで書き込んでいきます。昔のドラマで営業マンがノルマ達成を壁に張り出されているシーンがありましたが、あのイメージです。

みんなが見える場所に現状、目標に対してどのくらいの達成度合いなのかを一目でわかるようにするのです。これをすることでいつでも進捗率がわかり、社員たちの数字への意識が変わります。

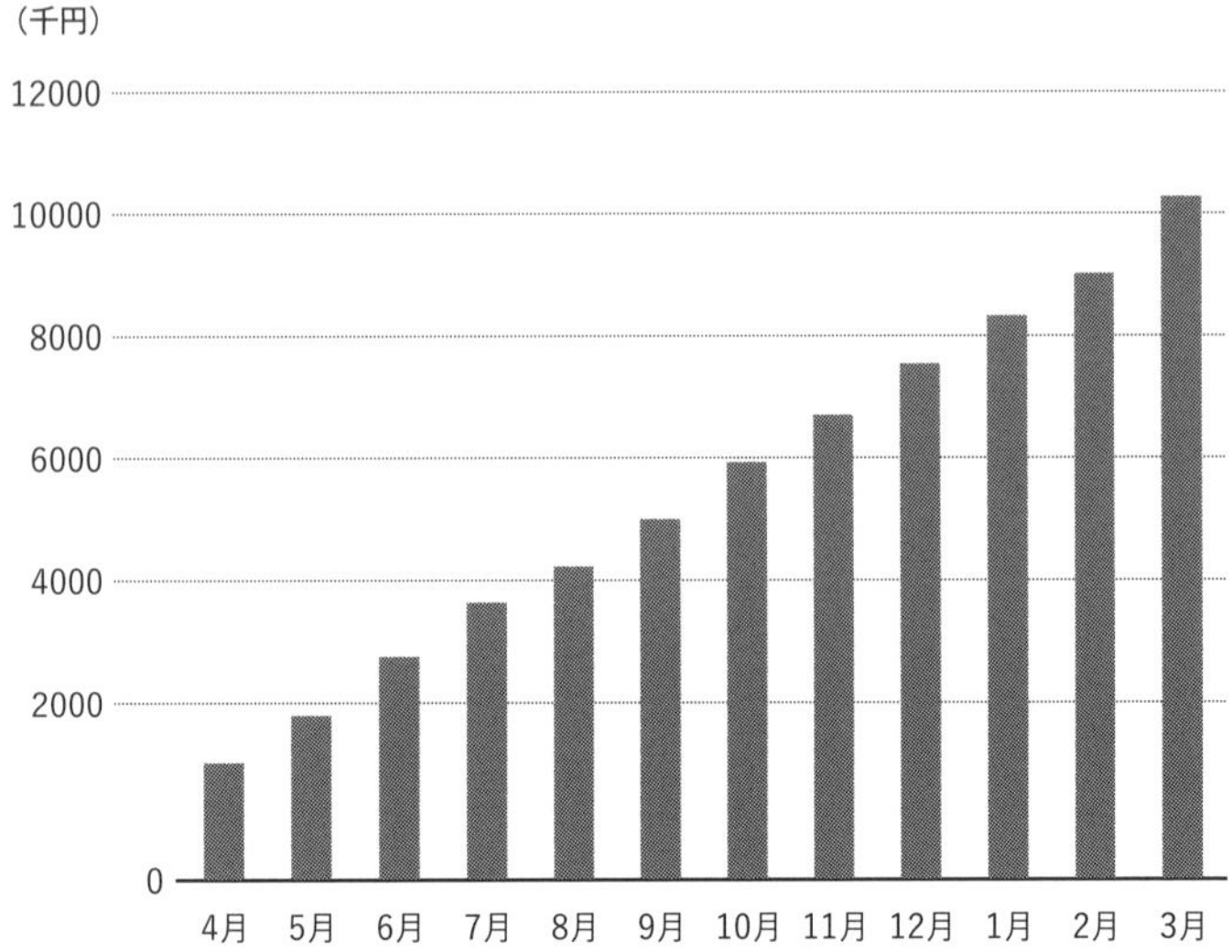

付加価値額目標１億円

ちなみに、付加価値額の目標経過ボードはシンプルで構いません。

項目は「目標の付加価値額」「毎月の結果」だけで構いません。「売上」や「付加価値率」などは書かず、シンプルなものにしましょう。

付加価値額の目標経過ボードは基本的に右肩上がりで増えていく（はず）ですので、社員からすれば自分たちの行動がどう結果に結びついているかがわかります。順調であることでのモチベーション維持や、進捗が良くないことでの緊張感を持ってもらうこともできます。

付加価値額を達成できれば「決算賞与」を出す

1年間がんばって目標達成ができたらボーナスを出してあげてください。

会社によって異なりますが、年1~2回の賞与があると思います。これに加えて、決算月に「決算賞与」を出すのです。九昭の場合は夏と冬の年2回なので、目標達成すれば合計3回のボーナスを出すことになっています。

そうすることで「付加価値額を達成することでのわかりやすいメリット」を社員に提供することができます。

決算賞与は目標の付加価値額を上回った額に応じて計算します。

また、1年目の平社員と5年目の課長では勤続年数や能力、会社への貢献度が変わると思いますので、支給する額も調整して構いません。

どちらにせよ、社員の付加価値額を達成するメリットを提供することが目的ですので、あなたの会社に合わせた額で実践してみてください。

第5章

付加価値額経営で100億円企業を目指す

元請け比率50%を目標に下請け体質から抜け出す

本章では付加価値額経営を導入した企業が目指すべき「未来」についてお伝えします。いきなり結論からいきます。

付加価値額経営によって目指すのは「100億円企業」です。

理由は後述しますが、これからの社会を考えたときに企業が生き残っていくためには売上高100億円が1つの目安になると思うからです。

そして、100億円を目指すためにはさまざまな方法があるとは思いますが、最初にお伝えしたいのは「下請けから元請けになる」ということです。

これはどの業種であっても共通する概念ではないでしょうか？

特に専門工事業や製造業、建設業のほとんどは下請け稼業だと思います。

建設業で言えばゼネコンが元請けで、中堅工事業者がそれを受注し（下請け）、さらに中小・零細事業者がそれを受注する（孫請け）……というフローでしょう。

全国に中小・零細の工事業者が何社あるのかまでは把握できていませんが、確実に言えるのは元請けになれるのはほんの一握りだということです。

恐らく本書を読んでくださっている読者の方々の多くは、下請け比率が高いのではないでしょうか？

つまり、ほとんどの会社は「下請け体質になっている」ということです。


しかし、会社をある程度のサイズにまで大きくしていくためには下請け体質から抜け出し、元請けの比率を今よりも高くしていかなくてはいけません。

九昭も最初は下請け比率が90％近くありましたが、今では逆に95％近くが元請けの仕事になっています。もちろん、そのために時間はかかりました。しかし、やってやれないことはありません。

まずは「元請け比率50％」が目標です。

そのためにはトップである経営者＝あなたが覚悟を持って決断し、トップダウンでやっていくしかありません。

例えば、今は元請け比率10％のものがいきなり50％になることはないので、まずは覚悟を持って行動する決断を経営者が行ってください。

決断は「決めて断つ」と書きます。あなたの決断が会社を大きく変える第一歩になり、全社がその目標で動き出すことで付加価値額も伸びていきます。

すべてはそこからがスタートなのです。

全国400万社以上の中小・零細企業が半分になる

前項で「売上が100億円くらいないと企業は生き残れない」とお伝えしましたが、根拠なく言っているわけではありません。

私なりに感じているものがあります。

現在、日本には約420万社の企業があり、そのうち99・7％が中小・零細企業（個人事業者も含む）と言われています。私はこの数は〝多すぎる〟と考えています。そして、それを国は淘汰しようと考えているとも思います。

菅政権時代だった2020年12月8日のダイヤモンド・オンラインの記事で、「菅内閣は『中小企業つぶし』という日本経済つぶしを押し進めている」というものがありました。総務庁（現・総務省）の元官僚で政策コンサルタントの室伏謙一氏による記事には、当時の菅内閣が経済・産業対策として進めていた中小企業再編策の内容は「再編」の名をかたった淘汰＝中小企業潰しに他ならないと書かれていました。

国は直接「淘汰」とは口にしませんが、押し進めようとはしているわけです。

ここからは私の推測に過ぎませんが、個人的には400万社以上ある中小・零細企業を半分の200万社程度にまで縮小しようとしているのだと考えています。

少子高齢化と人口減少によって労働人口が減っていく日本では、このような施策を打たないと日本全体が生き残れないと考えています。

ではそのときにどんな会社から淘汰されるのでしょうか？

当然ですが利益を上げられていない小さな会社から淘汰されるでしょう。強い者が生き残り、弱い者が淘汰されるのが自然の摂理だからです。

淘汰されないためには、それに見合う規模になることが必要です。

企業で言えば売上高が高いところが生き残るわけで、私なりの指標が売上100億円です。もちろん売上がすべてではありませんが、少なくとも世間は売上で会社の規模を見ています。

現実の話をすると、私の会社にも毎日のようにM&Aの話が来ます。要するに「あなたのグループを売ってください」ということです。これは同じように危機感を抱いた企業が規模を大きくしようとしている証左だと私は思います。

2分の1の確率で淘汰されるのだとしたら私の会社は「大丈夫」ではありません。

その危機感をこれからの経営者は新たに持って経営に臨んでいかなければいけないと私は思います。

付加価値額経営の浸透で下請け体質から脱却する

売上を上げ、会社の規模を大きくしていくためには、ここまでお伝えしてきた付加価値額経営を導入して付加価値額から逆算で売上高を高めていくことが先決です。

まずは自社の仕事の付加価値額と付加価値率を算出し、儲かる仕事とそうでない仕事を仕分けするところから始めてください。そして、その中で「最もお金が残る仕事」を見つけましょう。それは経営者にしかできない仕事です。

そして「やる仕事」と「やらない仕事」を決め、優先順位をつけていくのが第一歩です。

私の会社の場合は最も儲かる＝付加価値率の高い仕事が信号機の元請け工事で、逆に最も儲からない＝付加価値率の低い仕事は建設会社の下請け工事でした。

ですから、下請け仕事はしない方向に舵を切ったのです。父親の借金が残っていましたから、正直、当時は切羽詰まっていました。

もちろん、それによって売上は下がりました。それでもその穴は経営者である私が埋めました。方法はすでにお伝えしましたが、民間の仕事を100万円の小さなものでもいいから取っていくことをしたのです。

具体的には、目標の付加価値率を30％に定め、帝国データバンクや商工リサーチに連絡をして、福岡県内で2000万円以上の利益を出している企業のデータを購入し、新規営業をかけました。

もちろん、アポ取りをしても会ってもらえるのは10件に1件もあればいい方でした。この時期は正直、しんどかったです。しかし、この〝しんどい仕事〟は経営者がやるべき仕事だと考えていたので私が行いました。

そして、付加価値額経営での営業スタイルを確立できてからは、社員教育によって営業社員が私と同じことをできるようにしていきました。

最初は私が営業をかけ、地ならしができたら社員に任せる。見積書は必ず「控え」に付加価値額と付加価値率が入る仕様に変えて、受注できそうな仕事の付加価値率が何パーセントかを見える化できるようにしました。

このような付加価値額経営での営業スタイルで仕事を行っていくと、自然と付加価値額を高めていくことができます。

付加価値額経営が浸透することによって、営業社員が客先で判断する基準を持つことができるようになるからです。

見積書をベースに会社で定めた基準を下回るようであれば断り、上回るようであれば受注する。仮に将来性があって今回だけ下回る場合は、「今回は一発目なので低いですが、今後はこうなります」というプレゼンテーションを社員が経営者にしてくるようになります。

現場でも付加価値額経営が頭に入っている営業社員であれば、ある程度の推測から電卓を叩いて「やらせてもらいます」「持ち帰ります」「断ります」の判断がその場でできるようになります。

すべては付加価値額が基準です。会社の規模を大きくしていくためにも、経営者が付加価値額経営をインストールし、全社に浸透させていくことが下請け体質からの脱却につながるのです。

売上10億円を超えてからの100億円企業の目指し方

ここから先は具体的な未来の話をしていきます。

付加価値額経営を導入して会社の規模を大きくしていくとき、業態にもよりますが必ずどこかで限界が来ると思います。

例えば、建設業はすでに成熟産業です。会社の数も多いですし、お客さんのパイも決まっている中で、先発の大手企業のような売上高を中小企業が単体で目指すのは至難の業と言えるでしょう。

私の会社の場合も同じでした。

5億円の売上を付加価値額経営によって7億円にし、そこから10億円を目指しました。しかしその壁は厚く、公共工事に注力しつつ、民間の仕事でも大手企業が手を出さない小規模（100万〜1000万円くらい）の仕事を取っていくようにしました。その結果、売上は10億円を超えました。

しかし、そこで改めて気づきました。

「売上だけを追っていけばさらに伸ばすことはできる。しかし、それでは過去の二の舞になる。付加価値額経営を維持していくことを考えたら、もうこれ以上は伸びない。他の方法が必要だ」ということを。

あなたの業態でも会社の規模を大きくする過程で必ず頭打ちになるでしょう。

そのときに、さらに規模を大きくするために売上だけを伸ばそうとすると、結局は利益を出せずに売上だけが高い会社になってしまいます。

付加価値額経営によって会社の規模を大きくした場合、恐らくあなたの会社にはそれなりの利益が残っているはずです。

その利益を食い潰さず、かつ企業規模を大きくしていくためには、今の会社の状態は維持しながらグループ展開していくことをおすすめします。

私の場合はまさにそれで、売上10億円・経常利益1・5億円くらいが出ていたので、同じような会社を複数作ったほうがいいと考えました。

新しい会社を作るなり手に入れるなりしてグループ化し、その会社を付加価値額経営で大きくしていけばいいと考えたのです。

頼まれ事があれば断らずに「事業化する頭」で考える

100億円企業を目指すためにグループ化という手段をお伝えしました。

しかし、そう簡単に新会社を創設したりM&Aをしてグループ化するのは容易なことのようには思えないでしょう。

確かにそこにはきっかけが存在します。

しかし、売上高10億円近い会社の経営者になっていれば、会社の知名度や人脈はそれまでに比べて広く、質の高いものになっているはずです。そもそも経営者は会社の経営だけではなく、そのような場にも積極的に顔を出してきっかけをつかみに行くべきです。

そして、その中で何かのきっかけがあればそれを「自社の規模を大きくするために事業化できないか？」」の視点で考えなければいけません。

私自身、父から会社を受け継いですぐに北九州市のＪＣに入会したことはお伝えしました。

ＪＣ自体の目的はまちづくり、人づくりの社会貢献運動ですが、現実の出来事として、やはりそこで人と人とが出会い、人脈が培われていきました。共に社会貢献運動をしたそれらの人脈は、もはや「仲間」ともいえるくらいです。

さらに私の場合は、38歳で北九州ＪＣの理事長も担当しました。その際に地元の祭りの実行委員長も兼任し、北九州市の市長（当時）とも仲良くなれました。

そして、そのことがきっかけで後の平成15年（２００３年）に九昭は新しい事業展開をすることになりました。

その事業とは「指定管理者事業」でした。

指定管理者とは、地方公共団体が公の施設の管理を行わせるために、株式会社をはじめとした営利企業・財団法人・ＮＰＯ法人・市民グループなどの団体に包括的に代行させることができる制度（またはその団体）のことです。

小泉政権下での民営化促進の一環として平成15年（２００３年）６月に公布、９月に施行されました。

当時の北九州市市長は元国交省の人間で、何事も全国に先駆けてやるのが好きな人でした。ある日、電話をもらった私が市庁舎に出向いていくと、市長から「北九州市が全国で最初に指定管理者を実施したい。何かと東京に持っていかれるのは嫌だから、仲間を集めて会社を作ってほしい」と頼まれたのです。

このときに私が思ったのは、「建設業は成熟産業だが、指定管理者はこれからのビジネスだ」ということでした。実際に20年経った現在では指定管理者は日本全国にあり、大手企業はほとんど指定管理者の部署を作っているくらいです。

特に、私にとって指定管理者は「新しい公共工事だ」という考え方もありました。仮に年間1億円の予算で5年任されたら売上は5億円です。工期5年の公共工事を5億円で受注するのと変わりません。

しかも中の運営から管理まで、実施するのは民間企業側（つまり、私たち）ですから、内容が違うだけで事業としてのフレームは変わらないと考えたのです。

頼まれ事を事業化する方向で考えた私は、平成16年（2004年）7月に日本施設協会（旧称：北九州施設協会）を設立し、JCの仲間を集めて図書館事業の指定管理者を開始しました。

紆余曲折はありましたが現在では北九州市のほとんどの図書館を管理運営し、さらに5～6年前にはサッカースタジアムの指定管理者にもなり、売上は6億5000万円ほどになっています。

人生は先手必勝。スタートダッシュで引き離す

2023年のWBCアメリカ戦で、侍ジャパンは初回の得点こそ逃しましたが点を取られた2回の裏の攻撃で逆転し、さらに追加点を取って最終的に3対2で逃げ切り、優勝を

果たしました。

ビジネスとは、このアメリカ戦のようにあるべきだと私は思います。

私の人生哲学に「人生、先にやったもん勝ち」というものがあります。陸上や水泳などのスポーツでは、「よーいドン」での一斉スタートがルールでフライングは許されません。しかしビジネスではそんなことはありません。

ビジネスは先に準備をして、先に行動した者が勝つ世界です。初回に点を取ったら試合終了まで守って1対0で勝つような戦い方をしなければダメで、それこそWBCメキシコ戦のような逆転サヨナラ勝ちは基本的にあり得ないのです。


前述の指定管理者事業で図書館事業を行うことになったとき、まだ始まったばかりの制度を最初に実施できたことで、私はすでに「初回に1点を取れた」と考えていました。

「こんなチャンスは二度とない」とも思いました。

しかし、仲間たちの中には「撤退したほうがいいんじゃないか?」という声もありました。当時、指定管理者になれたのは私たちともう1社、全国規模の大手企業がいました。彼らには経験や資本力があり、我々にはそれがないド素人集団だったからです。

地元の新聞でも市議会でも「北九州施設協会で大丈夫なのか？」と声が上がりました。実際、説明会でもかなりの反対がありました。

しかし私は民間人だったこともあり、言いたいことを言えました。

「自分なりの考え方があります。大人になっても来たくなる図書館を作り、この事業をうまくやります」と断言したのです。

あなたは最後に図書館へ行ったのはいつだったか覚えていますか？

多くの人は中学生か高校生くらいまでは自習をしに図書館へ行くと思います。しかし、大人になるに連れて「行く理由」が失われていきます。

そこで私は、大人が来たくなる図書館づくりをしようと考えました。

具体的には起業家支援セミナー、病院の先生を呼んで家庭医学のセミナー、ピアノのコンサートなど、人を集めるイベントを思いつく限り行いました。

本の並べ方も、書店のような話題書のコーナーを作ったり、そのときに売れている本や作家のコーナーを作ったり、セミナーやイベントがあるときはそれに関連する書籍を目立つところに並べたりして、本を借りるきっかけ作り、図書館に来館する理由作りを行っていったのです。

するとと、1年後には来館者数が大幅に伸び、全国の指定管理者をしたい人たちが成功例として視察に訪れるほどになりました。新聞も手のひらを返してほめてくれるようになりました。

スタートダッシュによって初回に1点取れている状態になれたら、そこからは他を引き離すやり方をするべきです。

そして、そのときひらめいたアイデアは「今すぐ」やることです。「明日やろう」ではなく、ひらめいた瞬間に行動する。そして、実現するまでやる。これが成功の秘訣です。

するとライバルに勝てるだけではなく、本業を支える新たな屋台骨ともなり得るのです。

仕事を取るときは出しゃばらずに実績で勝負する

私の人生哲学には「出しゃばらずに実績で勝負する」というものもあります。

中小・零細企業の経営者であれば、一度は「うまい話」に乗ってしまって失敗したり、最悪は騙されたりした経験があると思います。私も例に漏れません。

そして、そのような人たちは往々にして口がうまく、いいことばかりを言ってきました。そうやって騙されたことは一度や二度ではありません。

だからこそ私は言うべきことを必要最小限にして、あとは実績で示す人でありたいと思っていますし、あなたにもそういう経営者であってもらいたいと思っています。

私の会社で現在最も付加価値率の高い仕事は、「スマートフォンの基地局のメンテナンス」の仕事です。この仕事は3年ほど前に声をかけてもらい、現在では福岡県、佐賀県、長崎県、沖縄県の4県で行っています。

あえて社名は避けますが、きっかけは大手電気工事会社から声がかかったことでした。その会社には他の企業が営業をかけていましたが、競争率の高い仕事だったために私はあえて営業をかけていませんでした。

ただ、その会社の九州支店の支店長とは面識がありました。

付加価値額の上昇とともに売上高も上がり、10億円の大台に乗っていた九昭のことを知っていたのかもしれません。あるとき、支店長から仕事の話が来ました。

私の会社を選んでくれた理由を聞いてみると「北九州を拠点に九州各地と沖縄に営業所を持っていること」が大きな理由のようでした。業界としては同じ電気工事業なのでそこはクリアだったわけです。

そして、いざ私の会社を見に来た際に、私はあまりPRをせずに淡々と実績を説明しました。結果、九昭が仕事を受注し、現在も続いています。

年間で1億5000万円ほどの事業ですが、かかる経費は人件費くらいなので付加価値率が非常に高いのです。しかもメンテナンス業は継続的で、基地局が増えるほど仕事も増えます。安定した収益性の高い仕事と言えるのです。

あなたが出しゃばったり口先でうまいことをいい並べなくても、あなたの実績を評価してくれる人は必ず出てきます。そして、そういう人が新しいビジネスをあなたにもたらしてくれます。

ビジネスは信用第一。できない約束をしてはいけない

「約束は必ず守る。できない約束はしない」

会社を大きくするため、規模を広げるために新しく仕事を取ろうとしたり、新規ビジネスを始めようとするとき、相手からの申し出につい「できます」と答えてしまうと、あとで困ってしまったり、最悪は実行できずに相手の期待を裏切ってしまうことがあります。

ビジネスは信用第一です。どんな小さな約束であっても必ず守ることが大事です。守れない約束は最初からしてはいけません。

私はこの指標の1つに「時間を守ること」を置いています。私は非常に時間に厳しいです。もちろん、人間なので何かしらのトラブルがあるでしょう。そんなときは事前に連絡をする。これは人として当たり前のことです。

私がこのような考え方になったのは父からの教育があったからです。

父はイケイケドンドンな人でしたが「時間を守ること」「嘘をつかないこと」「約束を守ること」「モノを盗まないこと」など日本人が昔から当たり前にしてきた精神性をしっかりと叩きこんでくれました。

ちなみに『魏志倭人伝』では西暦200年頃の日本人を『婦人淫《いん》せず、妬忌《とき》せず。盗窃《とうせつ》せず、諍訟《そうしょう》少なし（婦人の貞操観念は堅く、妬んだりしない。盗みをする者も少なく、訴え事も少ない）』としてその姿を伝え、「モノを盗まないこと」が特筆されています。

もちろん、時間にルーズな人は多くいます。

過去に、あるテレビ局から会社の取材の申し出がありました。何かのきっかけになればと話を受け、ひとまず打ち合わせをすることになり、会社まで来てもらうことになりました。

しかし当日、相手のディレクターは10分ほど遅れてやってきました。テレビ業界ではよくあることなのかはわかりませんが、ディレクターはいきなり本題に入ろうとしました。

私は「その前に言うことがあるでしょう?」と言いました。

相手はポカンとした顔で、私が何を言わんとしているかがわからない様子でした。そこで「わからないなら帰ってください。もう二度と来ないでください」と伝えました。

テレビ出演のチャンスはなくなりましたが、後悔はしていません。

このような人と付き合うかどうかはあなた次第ですが、私は基本的にはつき合わない。二度と会わないことにしています。

なぜなら、そういう人はビジネス相手として信用できないからです。

あなたにとっての「福の神」と「貧乏神」

前項で約束について、人との付き合いについてお伝えしましたが、そもそも人間には「福の神」「普通の人」「貧乏神」がいると私は考えています。

10人の人間がいたら貧乏神は2〜3人、福の神は1人いるかどうか、それ以外は普通の人です。採用で面接をするときでも、人脈を広げるときでも、私はこの考え方で人を見ることにしています。

ちなみに、福の神には学歴や実績や成績などは関係ありません。なんとなくの雰囲気で感じられるものです。もちろん、100%見分けられるわけではありませんが、この考え方を知っているかどうかで人の見方は変わると思います。

福の神と付き合うことで会社はもちろんのこと、人生も良くなります。

思い返してみれば、私がこれまで人生で困ったときに助けてくれた人はみんな福の神だったと思います。特に父親の借金10億円を背負ったときに助けてもらった出来事は、今も忘れられません。

あるとき、毎月の返済で2000万円くらいのお金が足りないときがありました。銀行に借金を返すときは一括で返すのではなく、経営で利益を出しつつ毎月少しずつ返していきますが、金利もかかりますし、返済期間によってはとても毎月払えないこともあります（そういうときはリスケをしてもらいますが）。

そうやってやりくりをしていたのですが、ある月はまったく足りず、このままでは資金ショートしてしまう状態になりました。

そのときに助けてくれたのがある銀行マンでした。

普通は銀行マンと言えば、ほとんどの担当者は冷たいものです。「どうやってこの金を返すか」の話しかしないものです。

しかし彼は違いました。「私のほうでアイデアを出します」と彼なりのテクニックを使って融資をしてくれました。おかげで会社は生き延びることができ、現在に至っています。

その銀行マンは間違いなく私にとっての福の神でした。

もしも、あなたが福の神と出逢ったら決して人脈から外してはいけません。

社員であれば必ず採用して社内に置いておかないといけませんし、外部の相手であれば何年経っても付き合いを切るようなことをしてはいけません。

それは自ら幸福を手放す行為だからです。

私の場合のその銀行マンは、後に海外へ栄転になりました。

7～8年が経ち、会社も順調になって余裕ができたタイミングで、お礼を兼ねて会いに行きました。向こうはこちらを覚えていてくれて、会いに来てくれたことを喜んでくれました。

「あのときのおかげで何とか生き延び、今でも会社経営ができています」とお礼を言ってお酒を飲んだことを今も覚えています。

グループ化は戦略を持ってM&Aや新規事業を行う

さて、少し人生哲学に話が流れてしまいましたが、グループ化して100億円を目指す方法に話を戻しましょう。

現在、九昭グループは持ち株会社に加えて6つの会社を所有しています。そのうち3つについてはここまでお伝えしてきましたが、残り3社についてもお伝えします。

この3つは社会貢献と戦略の両方を兼ねる考え方でグループ化をしました。あなたも何かのきっかけで新規事業やM&Aを行うときには、そこにどんな戦略性があるかを構想しなければいけません。

沖縄進出の足がかりになった電気工事会社のM&A

1社目は大新電設工業です。これは沖縄にある電気工事会社で、沖縄の銀行からの紹介でM&Aをしました。

私は今ではあまりアポイントを求めてくる営業マンとは会いませんが、銀行の人間だけはアポがなくても会うようにしています。仮に取引がないところであっても銀行マンは何かといい情報を持っているからです。

その沖縄の銀行も融資の取引はありませんでしたが、習慣から支店長と会ってお茶を飲みながら雑談しているうちに「困っている会社があるんですが、良ければ買いませんか?」という流れになりました。

経営者の人脈作りとして、色々な銀行マンと懇意になっておくことは重要と言えるでしょう。


当時、九昭は信号機工事の営業所を沖縄に置いていましたが、それ以外の仕事に関してはなかなか取れない状況が続いていました。

というのも、沖縄はその歴史から特に県民意識が濃く、県民を示す「うちなんちゅ」と県外民を示す「やまとんちゅ」という言葉があるくらい、なかなか外から人が入れない地域だからです。

営業をかけても「やまとんちゅ」というだけで門前払いでした。

そこで沖縄の人たちに仲間入りしたい戦略もあって、銀行の支店長からの申し出を受け、M&Aをしたのです。結果、仲間入りすることができました。

公共の仕事と民間の仕事、それぞれの受注と施工を九昭と大新で連携して行うことで、約8年で今では売上1億5000万円、自己資本比率30%の会社にまで成長しています。

幅広く公共工事を取るきっかけになった電気工事会社のM&A

2社目は○○電工です。これは北九州市に古くからある電気工事会社で、地場を共にする九昭よりも歴史が古い会社でした。

当時、先代の経営者が80歳を超え、そろそろ引退を考えて会社を売却したいと考えており、そういう話が耳に入っていました。北九州市は「小倉エリア」と「八幡エリア」に大きく分かれており、先代は売却するなら同じ小倉ではなく八幡で売却したいと考えていました。

しかし、〇〇電工の場合は業績が良くありませんでした。そのため誰も買う人が現れませんでした。

売却話が回り回って私のところに来たときに、私は「ついに来たか」と思い詳しい業績の中身を見ましたが、確かにボロボロでした。このまま潰れたら先代経営者は大きな借金を背負うことになっていたでしょう。

そこで人助けの意味もあって先代から直接、M&Aをしました。私より年上の先輩経営者から「会社と従業員を助けてほしい」と言われ、同郷の老舗企業を助けたかったのです。

ただ、情に流されただけではありません。戦略もありました。

公共工事の世界には受注する会社にランクがあり、当時の九昭は特Aランクで5000万円以上の仕事しか取れない状態でした。

しかし、〇〇電工なら1000万~2000万円の受注ができました。つまり、より多くの公共工事をグループとして獲得できるようになったのです。

付加価値額経営によって〇〇電工も業績を回復し、現在では売上5000万円、借入金もゼロにし、自己資本比率は30%を超え、社名を小倉電設と改めて再出発しています。

○○市役所と自社の両方のニーズを叶えた新規事業

3社目は北電設計です。これは新規事業として創業しました。

きっかけは○○市の電気設備課の課長からの「電気設備の設計会社がみんな年を取って引退が相次いで困っているので何とかしてほしい」という打診でした。

電気工事の公共工事発注の流れを大まかにいうと、設計会社が工事の設計をし、役所はそれを基に予算を組んで工事を発注し、電気工事会社が受注して工事を実行します。

設計会社が高齢化で減っていくことは電気工事の公共工事そのものが危うくなることを意味しました。

課長から話を聞いた私は、市の困り事を解決するため、ひいては自社も含めた地元の電気工事会社を助けるために北電設計を「設計会社という新規事業」として創設しました。

私は一般社団法人北九州電設協会の会長も兼任しているので、そのような困り事や陳情が集まってくる立場なのです。持ちつ持たれつで、○○市のため、地元企業のため、自社のために設立したのです。

設立してまだ2年ほどで、かつ案件も設計は1件ごとの価格が工事に比べると低いため売上は数百万円ですが、意義のある仕事だと思っています。

付加価値額経営で変化の激しい時代もブレない経営をする

九昭電設工業、日本施設協会、内田電機工業、大新電設工業、小倉電設、北電設計と以上6つのグループ会社のトータルの売上は約22億円です。

本章では100億円企業を目指すことをテーマにお伝えしてきましたが、そういう意味では私もまだまだチャレンジを続けている最中と言えます。

これからも付加価値額経営を継続して、変化の激しい時代でも淘汰されない企業を目指しているのです。

あなたも、本書をきっかけにぜひ今日から付加価値額経営を始めてもらいたいと思っています。

ただ注意していただきたいのは、一度、付加価値額経営をスタートさせたら、何があってもブレずに継続していただきたい、ということです。

２０２０年からのコロナ禍で世界は大きく変化しました。

日本でも度重なる緊急事態宣言と自粛要請で、中小・零細企業だけでなく大手企業や中堅企業もダメージを受けました。

この３年間、経営者は今まで以上に大変だったと思います。


経営者は仕事がないと、つい目の前の仕事に飛びついてしまいがちです。

１円でも稼げればと、付加価値額・付加価値率が自社の基準を下回るものでも受注してしまいたくなります。

しかし、そこでブレないでいただきたいのです。そこでブレてしまうと、これまで積み上げてきたものが総崩れになってしまうからです。

あなたが「付加価値額経営を導入する」と宣言すると、最初は社員たちは戸惑うでしょう。しかし、懇切丁寧に伝え続けることで社内に浸透し、やがて全員がその意識で仕事をするようになります。

それにもかかわらずあなたがブレると、社員たちは「社長は口だけだったね」「最初は息巻いていたけど、結局は目先の銭《ぜに》を拾うのね」と考えてしまいます。

それに、これは持論ですが、チャンスは必ず巡ってくるものだと思います。

仮にチャンスが巡ってきたときに付加価値率の低い仕事に飛びついてしまっていて手いっぱいだとすると、せっかくのチャンスをつかむ両手が埋まってしまっていることになります。

そうならないためにも、苦しい気持ちは重々わかりますが付加価値額経営をスタートさせたら、ブレずに利益重視の経営スタイルを貫いてください。

付加価値額経営を行うことで会社には利益が残っていきます。

利益が残れば、会社には「余力」が生まれます。余力があれば、苦しいタイミングが来たとしても目の前の基準を満たさない仕事に飛びつく必要はなくなります。

「この仕事を取らないと社員に飯を食わせられない」とならないためにも、普段から付加価値額経営で蓄えておくことは重要なのです。

そのためには経営者の胆力が必要になってきます。

付加価値額経営は始めて即効果が出るわけではありません。まず、最初の1年目があります。それを乗り切った成功体験が2年目、3年目と積み上がっていくことで会社がどんどん上向きになっていきます。

ただ、それにも最初の一歩があります。あなたが決断し、舵を切る勇気を持つことです。

それは経営者にしかできない仕事なのです。

あとがき　経営の天才でなくても付加価値額経営は始められる

最後まで読んでくださり、ありがとうございました。

本書は、私自身が若い頃に経営に苦しみ、たまたま父の借金返済をきっかけに銀行から鍛えられ、悩んだ末に現在の利益重視の経営スタイルを発見したこと、それによって経営がうまくいったことをお伝えし、皆さんにも実践してもらうために執筆しました。

付加価値額経営を実践することで現在の苦しい経営状況を脱却し、利益が潤沢にあるいい会社が生まれ、経営者・社員ともにいい人生を送れる人たちが1人でも多く増えてもらいたいと思っています。

本文内でもお伝えしましたが、コロナ禍以降、日本の社会は変化しました。

中小・零細企業の淘汰はすでに始まっていると感じていますし、私の周りの現実を見ても「ゼロゼロ融資」（コロナ禍で売上が減った企業に実質無利子・無担保で融資する仕組み）の返済が始まって、返済できずに倒産している企業が相次いでいます。令和5年（2023年）夏頃からは、その流れはさらに加速するでしょう。

これは私のような建設業に限った話ではありません。

つまり今、中小・零細企業経営者は切羽詰まっているときだと思います。

そして、そんなタイミングだからこそ付加価値額経営が必要だと私は考えています。本書でお伝えした付加価値額経営の手順を改めてお伝えすると、

・付加価値額経営に基づいた損益計算書を税理士に作らせる
・目標営業利益をもとに目標の付加価値額と率を決め、売上目標を算出する
・「会社に残るお金（付加価値額）」と「会社から出ていくお金」を明確にする
・付加価値額率を基準に「継続する仕事」と「やめる仕事」を決める
・付加価値額経営を社内に浸透させ、社員教育を行う
・経営者は付加価値額経営に則った新規営業を行う
・付加価値率を基準に仕事の実行を判断する
・会社をグループ化して淘汰されない企業体を目指す

このようになります。

最初は成果が出ないかもしれませんが、淘汰される時代に生き残るために、まずは切羽詰まっている状況であることを理解し、視点の切り替えをしてください。

付加価値額経営は誰にでもできる経営手法です。

私自身、経営の天才でもなければ英才教育を受けて育ったわけでもありません。切羽詰まって付加価値額経営と出逢い、実践した結果として今があるだけです。

付加価値額経営が浸透し、会社が軌道に乗ってきたことを感じられるようになったら、今度は未来に向けてビジョンを社員に示してあげてください。

私の場合は「２０２７ Conglomerate 10billion ＆ 経審１２００点」をスローガンにしています。

九昭の経営審査点数（建設業の点数）が現在、１０５０点と地場でズバ抜けて高いのですが、さらに１２００点を目指して社内に目標を貼っています。

社内の誰もそんなことができるとは思っていないでしょう。

それでいいのです。旗を振るのが経営者の役割だからです。

あなたのビジョンはどんなものでしょうか？

この時点では私にはわかるべくもありませんが、できれば会社が成長し、働く人が幸せになるものであればいいと思っています。本書がその一助になれば、これに勝る喜びはありません。

本書をお読みいただいて、「付加価値額経営」に興味を持ち本気で取り組みたい方は個別にコンサルも可能です。遠慮なくご連絡ください。

メールアドレスは「info@kyushodensetsu.co.jp」です。

本書の刊行にあたり、多くの方々にお世話になりました。心より感謝申し上げます。

まず、家族と九昭グループの社員の皆さんに感謝の意を捧げます。日々の支援と励ましは、私を支えてくれました。感謝の気持ちでいっぱいです。

また、編集担当の中野亮太さん、執筆を協力くださった廣田祥吾さん、多くのアドバイスと指導をいただいたネクストサービス株式会社 代表取締役 松尾昭仁さん、大沢治子さんに心から感謝いたします。

２０２３年8月　池上秀一

資金繰《しきんぐ》りの不安《ふあん》がなくなり、自己資本比率《じこしほんひりつ》が上《あ》がる！

付加価値額《ふかかちがく》の教科書《きょうかしょ》

2023年10月16日　第1刷発行

著　者　池上秀一《いけがみしゅういち》

デザイン　藤塚尚子（etokumi）
執筆協力　廣田祥吾
制作協力　松尾昭仁（ネクストサービス株式会社）

発行人　永田和泉

発行所　株式会社イースト・プレス
〒101-0051
東京都千代田区神田神保町2-4-7 久月神田ビル
Tel：03-5213-4700　Fax：03-5213-4701
https://www.eastpress.co.jp

印刷所　中央精版印刷株式会社

ISBN 978-4-7816-2250-7